ERWIN RINGEL · DIE ERSTEN JAHRE ENTSCHEIDEN

Erwin Ringel

Die ersten Jahre entscheiden

Bewegen statt erziehen

Jungbrunnen

CIP-Kurztitelaufnahme der Deutschen Bibliothek
Ringel, Erwin:
Die ersten Jahre entscheiden: Bewegen statt erziehen/Erwin Ringel. –
Wien; München: Verlag Jungbrunnen, 1987.
ISBN 3-7026-5700-2

6. Auflage 1995

© 1987 by Verlag Jungbrunnen Wien München.
Alle Rechte vorbehalten.
Umschlaggestaltung: Johannes Kugler.

INHALT

I. Wie der Erwachsene seine Neurosen erzeugt 9

II. Wie das Kind neurotisiert wird 27

III. Ursachen der Neurose – oder:
Wie man ein Kind lieben soll,
damit es nicht neurotisiert wird 46

IV. Symptome der kindlichen Neurose,
an denen man die Neurotisierung des Kindes
entdecken kann 86

V. Die kindliche Sexualität 107

VI. Das Problem der Gewissenserziehung 116

VII. Grundsätze einer guten religiösen Erziehung 132

VIII. Die Bedeutung der Familie 145

Schon von der Geburt an ist das Kind eine leib-seelische Einheit, und es ist daher die wichtigste Aufgabe der Eltern, dafür zu sorgen, daß es körperlich und seelisch sich gesund entwickeln kann. Im seelischen Bereich ist es dabei wesentlich, zu verhindern, daß das Kind neurotisiert wird. Um diesen Satz in seiner vollen Bedeutung zu verstehen, muß daher zuerst die Neurose definiert und erklärt werden, wie sie zustande kommt.

I.

WIE DER ERWACHSENE
SEINE NEUROSE ERZEUGT

Man hat vielfach unser Zeitalter ein „neurotisches" genannt und damit zum Ausdruck bringen wollen, daß die Zahl der Neurosen rapid zugenommen hat. Selbst wenn man berücksichtigt, daß die Entdeckung dieser Krankheit unserem Jahrhundert vorbehalten blieb, und dadurch natürlich viele Fälle von Neurosen jetzt beobachtet werden können, die früher unbeachtet geblieben wären, muß man zugeben, daß es offenbar tatsächlich zu einer Zunahme neurotischer Erkrankungen gekommen ist: Sie ist alles andere denn zufällig, auf ihre Ursachen werden wir mehrfach zurückkommen. Die Neurose ist eine ernste Erkrankung mit vielfachen Folgen für den Betroffenen selbst und seine Umgebung. Diese Krankheit verrät sich durch typische Kennzeichen und Symptome, und man kann daher nur dort von einer Neurose sprechen, wo diese Symptome mit Sicherheit nachgewiesen sind. Aus dem klar definierten Krankheitsbegriff „Neurose" ergeben sich mehrere Konsequenzen: Es ist zuerst einmal absolut unzulässig, jede seelische Spannung, etwa das Vorliegen von Problemen und Konflikten, wie es in jeder Existenz unvermeidbar bleibt, als Beweis einer bestehenden Neurose anzusehen.

Ebenso falsch wäre es, einfach zu erklären: „Neurotiker sind wir alle" — offenbar ein Versuch, dadurch diese Erkrankung völlig zu verharmlosen. Wir müssen ferner endlich damit aufhören, Menschen, die uns unsympathisch sind und die wir deshalb herabsetzen wollen, als „Neurotiker" zu bezeichnen, ja zu beschimpfen. Und andererseits, wenn jemand wirklich an einer Neurose leidet, geht es nicht an, diese Krankheit so zu bagatellisieren, als wäre sie gar keine. Wie oft kann man in völliger Verkennung des Unterschiedes zwischen einer Neurose und alltäglichen seelischen Schwierigkeiten den Satz hören: „Das habe ich alles auch gehabt, aber mit mir hat man keine Geschichten gemacht!"

Wollte man versuchen, in einer knappen Definition das Wesen der Neurose anzudeuten, so dürfte man sagen, daß sie durch einen *innerseelischen Konflikt zwischen bewußten und unbewußten Tendenzen* im Menschen gekennzeichnet ist. Schon diese Andeutung genügt, um klarzustellen, daß die Neurose nichts mit der organischen Struktur und Verfassung der Nerven des Menschen im anatomischen und physiologischen Sinne zu tun hat, wie es leider vielfach heute noch geglaubt wird (es muß zugegeben werden, daß der rein sprachlich gesehen falsche Name „Neurose" diesen Irrtum fördert). Die Neurose ist nicht durch irgendwelche pathologischen Veränderungen des Gehirns oder der Nerven bedingt, sondern vielmehr durch unbewußte seelische Tendenzen, deren der einzelne nicht Herr wird.

Wir haben gesagt, daß es sich um einen Konflikt zwischen bewußten und unbewußten Tendenzen handelt. Es ist daher nötig, zuerst einmal den so wesentlichen Begriff des Unbewußten zu erläutern. Betrachten wir jenen Lebensabschnitt, der hinter uns liegt, so werden wir sofort erkennen, daß es niemandem möglich ist, alles im Gedächtnis zu bewahren, was ihm begegnete und widerfuhr. Auch die Erlebnisse nur einer Woche lückenlos zu rekapitulieren, ist ausgeschlossen; ja selbst der Versuch, den Ablauf eines Tages genau zu rekonstruieren, wird auch beim besten Bemühen scheitern. Das bedeutet also, daß wir sehr viel vergessen. Ein günstiger Umstand, etwa die Begegnung mit einem alten Freund, mag es gestatten, ein solches Geschehnis wieder in die Erinnerung zurückzurufen. Jene Dinge nun, die wir zwar erlebt und die sicherlich auf uns irgendeinen Eindruck gemacht haben, die uns aber nicht gegenwärtig sind, über die wir also sozusagen nicht sofort verfügen können, sind „unbewußt" geworden. Der Beweis dafür, daß es ein Unbewußtes im Menschen gibt, ist allein mit den angeführten Beispielen erbracht, und man muß sich wundern, daß immer wieder in bestimmten Kreisen der Versuch gemacht wird, die Existenz des Unbewußten zu leugnen. Eine solche Haltung mag dadurch eine gewisse Erklärung finden, daß mit dem Unbewußten ein Faktor im Leben des Menschen aufgezeigt wurde, der zumindest fürs erste sich der Verfügbarkeit entzieht, und daß die ganze Lebensgestaltung etwa gerade vom christlichen Standpunkt unter dem Gesichtspunkt des Über-sich-verfügen-Könnens, der freien Entscheidung und der Bedeutung des menschlichen Willens steht. Die Entdeckung des Unbewußten schien dies alles in Frage zu stellen, die Verantwortlichkeit des Menschen bedeutend einzuschränken, wenn nicht gar aufzuheben. Deswegen fanden sich manche, die gerade unter moralisch-ethisch-religiösen Aspekten die Neuentdeckung anzweifelten. Man kann aber mit Problemen nicht dadurch fertig werden, daß man wissenschaftlich nachgewiesene Tatsachen leugnet; hier läge der bedenkliche Versuch vor, es sich zu leicht zu machen. Jedenfalls war etwa dem heiligen Augustinus der Bereich des Unbewußten nicht nur bereits bekannt, er hat auch seine große Bedeutung erkannt, wie aus dem folgenden Zitat hervorgeht: „Ich trete ein in den weiten Bereich und in die Paläste meines Gedächtnisses, wo die immensen Schätze aller Art verborgen sind. Dort schlummern die gemachten Reflexionen, die ganze Entwicklung, die ganze Erziehung, alles, was wir je kennengelernt. Auch das Vergessen und das Vergessene ist noch irgendwie im Gedächtnisse" (Bekenntnisse 10, 8).

Nun zurück zum Unbewußten. Vieles von dem, was uns nicht mehr gegenwärtig ist, haben wir *zufällig* vergessen, einfach deshalb, weil wir nicht alles behalten können. Manches aber haben wir *absichtlich*, sozusagen „gerichtet" vergessen, weil es mit unseren Auffassungen und Vorstellungen, mit der Sicherheit unseres Lebens, vor allem aber mit unserer Selbstachtung nicht vereinbar ist, weil wir nicht ruhig leben könnten, wenn wir es nicht „vergessen" hätten. Für jenen Vorgang des gerichteten Vergessens nun hat die Tiefenpsychologie den Ausdruck *Verdrängen* geprägt. Es ist wichtig, darauf hinzuweisen, daß Neurosen *niemals* aus *zufällig,* sondern *immer* nur aus *gerichtet* Vergessenem, somit aus „Verdrängtem" entstehen können. Wenn wir uns fragen, was im Verlauf des Lebens verdrängt wird, so fällt uns auf Grund des bisher Gesagten die Antwort nicht schwer: Unangenehmes, Peinliches, Unanständiges und Verbotenes. Die Tatsache, daß Unangenehmes, Negatives, leicht verdrängt wird, kann jedermann in seinem Leben nachprüfen. Denken wir an vergangene Zeiten zurück, erinnern wir uns viel eher des Angenehmen als des Nachteiligen; nicht zuletzt durch diesen Mechanismus entsteht immer wieder im Ablauf der Menschheitsgeschichte das Märchen „von der guten alten Zeit". Noch viel mehr aber werden jene Tendenzen der Verdrängung anheimfallen, die verbotene, dem Menschen selbst peinliche und unangenehme Triebwünsche oder Handlungen beinhalten. Schon NIETZSCHE hat dies in den folgenden Sätzen ausgedrückt: „Das habe ich getan, sagt mein Gewissen, das kann ich nicht getan haben, sagt mein Stolz, und mein Stolz siegt." So werden auf einmal viele Dinge, die ein sehr negatives Licht auf uns werfen, Taten wie bloße Wünsche, verdrängt sein. Hier wird man einzuwenden haben: Können diese Tendenzen wirklich unbewußt werden, weiß sie der Betreffende nicht ganz genau und will sie nur nicht wissen? Auch diesen Tatbestand gibt es natürlich; dabei kann man aber noch nicht von einer Verdrängung sprechen. Verdrängung liegt erst und nur dort vor, wo der Betreffende wirklich keine Ahnung mehr vom Vorhandensein solcher Tendenzen in sich selbst hat. Daß dieses Phänomen aber zu wiederholten Malen beim Menschen vorkommt und sein Verhalten entscheidend beeinflussen kann, ist heute durch ungezählte Analysen so hinlänglich bewiesen, daß daran nicht mehr gezweifelt werden darf.

Wir wollen nun an einem Beispiel das Wesen einer solchen Verdrängung und der daraus resultierenden krankhaften Symptome besprechen. Wir möchten aber gleich darauf aufmerksam machen, daß hier aus didaktischen Gründen zuerst die *Verdrängung* einer *erwachsenen Persönlichkeit* dargestellt wird. Löst ein Erwachsener *aktuelle Konflikte durch Verdrängung,* entstehen daraus die sogenannten „neurotischen Reaktionen" (auch Aktualneurosen genannt), während die eigentlichen Neurosen, wie im nächsten Kapitel gezeigt werden wird, *immer* auf Verdrängungen zurückgehen, *die schon in der Kindheit stattgefunden haben.* Neurosen und neurotische Reaktionen unterscheiden sich also zuerst einmal durch den Zeitpunkt der Verdrängung, in den aus der Verdrängung resultierenden Grundsymptomen weisen sie aber gewisse Gemeinsamkeiten auf, so daß wir von der im folgenden beschriebenen neurotischen Reaktion auch einige Gesetzmäßigkeiten neurotischen Verhaltens ableiten können.

Es handelt sich um eine 35jährige Dame, die bereits seit 12 Jahren verheiratet ist, dem Gatten aber all die Jahre lang den ehelichen Verkehr verweigert. Als es nach der Eheschließung zum ersten Verkehr kommen sollte, reagierte sie mit heftiger Angst und wies jeden Annäherungsversuch zurück. Die Hoffnung des Mannes, daß es sich nur um eine anfängliche Scheu handeln könnte, erfüllte sich nicht; die Angst hielt weiter an. Befragt, warum sie sich denn fürchte, konnte die Patientin zuerst keine Erklärung abgeben. Später begründet sie ihr Verhalten damit, daß sie eine panische Furcht davor habe, schwanger zu werden. Von Jugend auf habe sie gehört, daß die Geburt ein lebensgefährlicher Vorgang sei, eine Cousine von ihr sei bei der Geburt ihres ersten Kindes gestorben; dies alles habe auf sie einen so nachhaltigen Eindruck gemacht, daß sie außerstande sei, sich der Gefahr, gravid zu werden, auszusetzen. Der Mann hat lange Geduld gehabt und auf eine Änderung dieses Verhaltens gehofft. In der letzten Zeit begannen seine Forderungen dringlicher zu werden, je mehr er aber in die Patientin drang, desto ablehnender, zugleich aber auch ängstlicher und unruhiger wurde sie. Erst als es zu fast unerträglichen Auseinandersetzungen gekommen war, wurde der Nervenarzt aufgesucht. — Die Befragung der Patientin richtete sich vor allem auf die ehelichen Beziehungen. Dabei versicherte die Patientin immer wieder, daß die Ehe, von der geschilderten Schwierigkeit abgesehen, sehr gut sei, sie harmoniere mit ihrem Mann ganz ausgezeichnet, es gäbe eigentlich keinen Grund zu Differenzen. — Die

Patientin wurde einer aufdeckenden Psychotherapie unterzogen. Dabei kamen nach und nach die ins Unbewußte verdrängten Aggressionen gegen den Mann wieder ins Bewußtsein zurück. Es wäre falsch, wollte man annehmen, daß die Patientin, als sie ihre Ehe als gut bezeichnete, gelogen hat; sie sagte dabei nur das, was sie wußte, was ihr also bewußt war, und sie glaubte, damit die volle Wahrheit zu sagen. (Manche Autoren benutzen daher für unbewußt den Ausdruck „ungewußt".)

Es gibt natürlich Menschen, die sich, besonders bei einer ersten Unterredung, absichtlich (noch) nicht deklarieren, das ist keine Verdrängung, sondern ein bewußtes Verbergen. Hier hingegen lag eine Verdrängung vor, die Aggressionen kamen erst nach längerer Zeit — und da nur ganz allmählich — zum Vorschein. Worauf bezogen sie sich? Es fing damit an, daß die Eltern der Patientin eigentlich den Mann „ausgesucht" hatten; dabei ließen sie sich vor allem von dem Gesichtspunkt leiten, einen Partner zu finden, der später einmal das im Besitz der Eltern befindliche Geschäft weiterführen könne. Nun enttäuschte dieser Mann unsere Patientin von Anfang an beträchtlich, nicht nur durch sein Äußeres, das mit ihren lange gehegten Phantasiewünschen nicht übereinstimmte, sondern noch mehr dadurch, daß er niemals eine männlich selbständige Haltung einnahm, vielmehr sich in allen seinen Entscheidungen als von der Mutter abhängig erwies. Sodann war er ein Mensch, der nicht fähig schien, ihr jenes Maß an Wärme und zur Schau getragener Liebe zu spenden, das sie erwartet hatte. Schließlich mußte sie immer mehr einsehen lernen, daß er innerlich fast ausschließlich mit seinem Beruf beschäftigt war und sie selbst lediglich eine kleine Nebenrolle in seinem Leben zu spielen schien. Durch diese Situation geriet die Patientin in einen Konflikt zwischen ihrem Gewissen (sie wollte eine gute Tochter sein und dem dringenden Rat der Eltern, diesen Mann zu nehmen, folgen) und einer aggressiven Triebtendenz, die sich sowohl gegen den Mann als auch gegen die Eltern richtete. Sie versuchte diesen Konflikt durch Verdrängung der Ablehnung und durch ein sich Hineinsteigern in die Vorstellung, daß sie diesen Mann liebe, zu lösen: in dieser Überzeugung heiratete sie ihn schließlich. Interessanterweise hatte die Patientin niemals einen Versuch gemacht, dem Mann ihr Unbehagen über die erwähnten Dinge zu offenbaren, auch den Eltern hatte sie nichts gesagt, vielmehr alles in sich „hineingefressen" und war schließlich darüber, gleichsam „als ob nichts wäre", zur Tagesordnung übergegangen. Aber sofort nach der Eheschließung stellte sich das seltsame Verhalten ein: Es entwickelte sich die Angst vor dem ehelichen Kontakt, die diesen bis zum Zeitpunkt der Therapie verhinderte.

Wir können aus diesem knapp dargestellten Fall sehr viel über die neurotischen Mechanismen lernen.

1. Die Patientin wurde durch die Art des Mannes in ihren Vorstellungen von der Partnerschaft beträchtlich enttäuscht; infolge dieser Enttäuschung erwachten in ihr Aggressionen gegen den Mann, sie verspürte diese als etwas Unerlaubtes und Verbotenes, als mit dem Gewissen nicht vereinbar, und löste den solcherart entstandenen Konflikt durch deren Verdrängung. Vergessen waren nun auf einmal alle Vorwürfe gegen ihn und die Aggression, die sich in ihr auf Grund derselben entwickelt hatte. Statt dessen glaubte sie an das Bestehen einer problemlosen einheitlichen Zuneigung zu ihm. In Wirklichkeit aber wurde sie nun von einer inneren Zwiespältigkeit beherrscht; der bewußten Zuneigung, in die sie sich durch Übertreibung hineingesteigert hatte, stand die ins Unbewußte verdrängte Ablehnung gegenüber — diese entscheidende primäre Folge der Verdrängung negativer Gefühle bezeichnen wir als *Ambivalenz,* und Ambivalenz ist dementsprechend ein Grundsymptom jeder neurotischen Entwicklung. — Die beschriebene unbewußte Ablehnung verschaffte sich dann, gleichsam wider den bewußten Willen der Patientin (denn sie erklärte immer wieder, wie gerne sie sich ihrem Mann hingeben würde, wenn nur diese Angst nicht wäre, die es ihr unmöglich machte), im Symptom der nun plötzlich einsetzenden Angst vor dem ehelichen Verkehr einen stellvertretenden symbolhaften Ausdruck.

Dies gibt Gelegenheit zu weiteren prinzipiellen Feststellungen. Steht ein Mensch in Auseinandersetzung mit einer Tendenz, die ihm das Gewissen verbietet, so hat er grundsätzlich drei Möglichkeiten: a) Er kann dieser Tendenz *nachgeben* und das Verbotene tun (was unter normalen Umständen von einem natürlichen, keineswegs krankhaften Schuldgefühl gefolgt ist). b) Er kann unter Aufbietung aller seiner Kräfte den unerlaubten Wunsch *überwinden* (wobei der Wunsch als solcher fortlaufend bewußt bleibt). c) Er kann die verbotene Tendenz *verdrängen*, sie also wegschieben, vergessen und vor sich selber verleugnen. In diesem Zusammenhang kann nicht nachdrücklich genug auf jenen Unterschied aufmerksam gemacht werden, der zwischen Überwindung und Verdrängung besteht: Ganz besonders muß er dem Erzieher klar sein, der nur allzu leicht geneigt ist, diese beiden Verhaltensweisen von seinem Standpunkt aus für gleich „günstig" zu halten, weil es ja in beiden Fällen zu keinem Nachgeben der verbotenen Tendenz gegenüber kommt. Man kann zu wiederholten Malen bei Seelenführern aller Art eine Attitüde feststellen, die sich etwa auf den Nenner bringen läßt: „Ob wirklich überwunden oder nur verdrängt, gilt mir gleich, Hauptsache, es passiert nichts." Eine solche Ansicht ist von einem medizinisch-psychologischen Standpunkt aus absolut falsch. Es resultieren aus diesen Verdrängungen nämlich neurotische Verhaltensweisen, die dann später das ganze Leben entscheidend beeinträchtigen.

Betrachten wir in diesem Sinne noch einmal unseren Fall. Die Frau hat die Aggressionen verdrängt, nicht den Mut gefunden, sich mit ihnen auseinanderzusetzen. Dabei spielt mitunter auch eine gewisse Art von Erziehung eine Rolle, die versucht, nicht einmal den Gedanken an etwas Verbotenes aufkommen zu lassen.

Als in der Frau die Aggressionen erwachten, war sie über die Entdeckung so entsetzt, daß sie es vor dem Gewissen nicht einmal als vertretbar empfand, sich damit auseinanderzusetzen. So war ihr der Weg der Überwindung verwehrt, und es blieb ihr nur die Zuflucht zur Verdrängung. Wir sehen aber nun, was aus der Verdrängung erwächst: Die nicht wahrgehabte Tendenz äußert sich wider den Willen der Patientin in einem krankhaften neurotischen Symptom. Man bezahlt also die Verdrängung mit einem hohen Preis, denn nun scheint das ganze Familienleben der Frau gefährdet, und es bedarf keiner besonderen Phantasie, um sich vorzustellen, daß ihre weitere Lebensgestaltung durch ihre neurotische Reaktion und das aus derselben resultierende Symptom (Angst vor dem ehelichen Verkehr) negativ beeinflußt werden kann. Man wird die erste Lehre, die der beschriebene Fall gibt, dahingehend zusammenfassen dürfen, daß Verdrängungen nur eine Scheinlösung bedeuten, die die ernste Gefahr einer qualvollen neurotischen Symptomatik heraufbeschwört. FREUD hat dies mit einem ausgezeichneten Vergleich dargestellt. Ein guter Lehrer wird sich mit einem Schüler, der in der Klasse störend wirkt, so lange intensiv auseinandersetzen, bis er mit ihm im offenen Ringen fertiggeworden ist. Ein schlechter Lehrer wird den Störenfried vor die Tür setzen (dieser Vorgang wäre mit der Verdrängung zu identifizieren). Nehmen wir nun an, daß der Lehrer die Tatsache, daß er das Kind eliminierte, vergessen hat (andernfalls läge ja keine Verdrängung vor) und dieser Knabe nun von außen etwa durch Klopfzeichen und sonstigen Unfug die Klasse zu stören beginnt: Wie beunruhigt wird der Lehrer dann sein, weil er ja nicht weiß, woher dies kommt und was es zu bedeuten hat (sogleich aber würde er sich entlastet fühlen, wenn er die wahren Zusammenhänge verstünde). Damit haben wir genau jene Situation, die entsteht, wenn an Stelle der verdrängten Tendenz das neurotische Symptom, für den Betreffenden völlig rätselhaft und unheimlich, auftritt.

Aus all dem folgert zugleich, daß eine wirklich echte und ernste Gewissenserforschung, das systematische Üben einer Verhaltensweise, die es wagt, sich zu erkennen, wie man wirklich ist, geeignet sein wird, neurotische Reaktionen zu verhindern. Leider kommt es immer wieder vor, daß Seelenführer aus Angst, die offene Auseinandersetzung mit den Problemen könnte zu einem Versagen führen, diese zu verhindern suchen. So werden verhängnisvollerweise „Verdrängungen größeren Stiles" heraufbeschworen, gefördert und sogar für Fortschritte gehalten, obwohl sie in Wirklichkeit massive Gefahren erzeugen, wie es RUDIN mit unübertrefflicher Prägnanz gesagt hat.

Die Verdrängung führt zwar zuerst zu einer Erleichterung (weil ja jetzt der unangenehme, peinliche, störende Faktor aus dem Bewußtsein verschwunden ist), sodann aber zu Symptomen, die sich viel schlimmer auswirken, als wenn es der Mensch gewagt hätte, sich mit seinem Problem auf der bewußten Ebene auseinanderzusetzen. Damit ist zugleich die Frage unserer Auseinandersetzung mit der Tiefenpsychologie (Freud, Adler) gestellt.

Soll man sich zu einer Haltung bekennen, die den mannigfachen Schwierigkeiten der menschlichen Person offen ins Auge sieht und mit diesen zu ringen bereit ist, so gut es der schwache menschliche Wille vermag, oder soll man unter Zuhilfenahme von künstlichem Nicht-sehen-Wollen und von Verdrängung einen Lebensstil fördern, der zwar nach außen in Ordnung zu sein scheint und keinen Anlaß zu „Ärgernis" gibt, dafür aber im Inneren des Menschen die schlimmsten Folgen zeitigt? Irgendwo steht im Hintergrund dieser zwei Möglichkeiten auch, freilich auf einer ganz anderen Ebene, das Gegensatzpaar: Aufrichtigkeit — Heuchelei. Es scheint allerdings ebenso nötig, in diesem Zusammenhang vor einem hemmungslosen Sich-selbst-Analysieren zu warnen, von dem der Dichter Morgenstern gesagt hat, daß es leicht ein „höherer Müßiggang" werden könne. So nötig es ist, daß der Mensch von der ihm allein offenstehenden Möglichkeit der Selbstreflexion Gebrauch macht (wieviel Unheil hätte im Verlauf der Geschichte durch ihre kritische Anwendung vermieden werden können!), so würde doch eine diesbezügliche Übertreibung zum Verlust jener spontanen Unwillkürlichkeit führen, aus der viele große schöpferische Leistungen hervorgegangen sind.

2. Am Beginn jeder neurotischen Entwicklung steht ein Konflikt zwischen Triebbereich (von Freud als „Es" bezeichnet) und Gewissen (in der Diktion Freuds „Über-Ich"). Die betroffene Persönlichkeit (das „Ich") vermag den Konflikt nicht anders zu lösen als durch Verdrängung des Triebwunsches. In unserem hier beschriebenen Falle sieht dies so aus: Die Frau lehnt den Mann ab, weil er ihren seit langem aufgebauten Wunschvorstellungen nicht entspricht; es entwickeln sich da-

her in ihr Aggressionen gegen den Mann, aber auch gegen die Eltern, die ihr diesen Mann „ausgesucht" haben und von ihr verlangen, sie möge ihn heiraten. Andererseits aber fordert ihr Gewissen, daß sie sich dem Wunsche der Eltern gehorsam fügt. Wir haben bereits gesehen, wie es durch Verdrängung der Aggression bei ihr zu einer Scheinlösung des Konfliktes gekommen ist. Jetzt soll aber herausgearbeitet werden, daß jedes neurotische Symptom, welches auf Grund eines durch Verdrängung „beseitigten" Konfliktes entsteht, den Versuch macht, beide Tendenzen, die Trieb- und die Gewissensforderung, gleichzeitig zu saturieren. Dadurch entsteht der Janus-kopf jeder neurotischen Symptomatik: Auf der einen Seite ist sie ersatzmäßige Befriedigung des Triebwunsches — in unserem Fall drückt die Verweigerung des Sexualverkehrs, die faktisch zustandekommt, stellvertretend die gefühlsmäßige Ablehnung des Mannes aus —, auf der anderen Seite wird durch jedes neurotische Symptom auch das Gewissen befriedigt, weil das Symptom qualvoll erlebt wird, eine Qual, die dem Gewissen als Sühne angeboten wird. Es zeigt sich nämlich, daß jede Verdrängung ein (unbewußt bleibendes) Schuldgefühl zur Folge hat und dieses Schuldgefühl zur Sühne in Form von Bestrafung drängt: Die neurotische Symptomatik ist dann zumindest partiell als Erfüllung dieses unbewußten Bestrafungswunsches, nämlich als Selbstbestrafung, zu verstehen. Die neurotische Symptomatik bringt somit jene beiden Ich-Komponenten durch ihre gleichzeitige Befriedigung auf einen gemeinsamen Nenner, deren Widerspruch die betroffene Persönlichkeit nicht auszuhalten imstande (und durch Verdrängung zu lösen bemüht) war: Trieb und Gewissen. Sehr interessant ist es, aus diesem Ablauf zu lernen, daß jede Verdrängung mit einem Schuldgefühl verbunden ist, obwohl ja eigentlich dabei, sofern es sich nicht um unanständige eigene Handlungen, sondern nur um als unanständig empfundene Triebwünsche handelt, konkret nichts Unerlaubtes geschieht, weil ja dem Triebwunsch nicht nachgegeben wird. Der Vorgang der Verdrängung beinhaltet aber keine echte Ablehnung oder gar Überwindung bestimmter Triebwünsche, sondern nur ihre Wegschiebung — ein Ausweichen, das offensichtlich unbewußt als Schuld erlebt wird (hier liegt eine Parallele zum Verhalten des Kindes vor, welches Gedanken mit Taten gleichsetzt).

Um nochmals zum „Januskopf-Charakter" jedes neurotischen Symptomes zurückzukommen: Der Erfahrene wird oft schon aus der Art der Symptomatik, natürlich mit aller Vorsicht und Zurückhaltung, für sich auf die Art des zugrundeliegenden Konfliktes schließen können: Im Falle unserer Dame läßt die Symptomatik, noch bevor die Analyse es bestätigt, die Vermutung aufkommen, daß sie den Gatten unbewußt ablehnt, diese Ablehnung stellvertretend durch Verunmöglichung des Verkehrs ausdrückt und sich gleichzeitig für diese Ablehnung durch das qualvolle Erlebnis ihrer Symptomatik bestraft.

3. Es muß mit Nachdruck darauf hingewiesen werden, daß jede Verdrängung unter dem Einfluß des Gewissens zustandekommt. Nur jene Tendenzen können verdrängt werden, die mit dem Gewissen in Konflikt geraten. Damit fällt der Gewissensstruktur eine entscheidende Bedeutung für die Entstehung der Neurose zu: Je enger, strenger das Gewissen, umso größer daher die Gefahr der Neurotisierung. In unserem konkreten Falle: Hätte die Dame ein Gewissen, welches ihr etwa sagen würde: „Gewiß, du sollst Vater und Mutter ehren, aber die Wahl des Partners steht dir selbst zu, hier haben die Eltern keine Rechte", wäre sie nicht in jenen Konflikt gekommen, den sie dann nur durch Verdrängung lösen zu können glaubte. Es versteht sich von selbst, daß damit nicht eine Auflösung der Gewissensstruktur propagiert wird, sondern nur die Beseitigung von Gewissenselementen, die inhaltlich nicht haltbar sind und sich als Schrittmacher einer krankhaften Entwicklung, nämlich einer Neurotisierung, erweisen. Hiermit scheint ein solcher Angelpunkt der Neurosenlehre, aber auch ganz allgemein der seelischen Gesundheit berührt zu sein, daß ihm später ein eigenes Kapitel gewidmet werden muß.

4. Unser Fall zeigt sehr schön, daß das neurotische Sym-

ptom im Grunde, um den Fachausdruck zu verwenden, „irrational" ist. Plötzlich verweigert sich die Frau ihrem Manne; warum sie es tut, oder sagen wir genauer, tun muß, ist ihr selbst anfänglich ein Rätsel. Dies beweist, daß das neurotische Verhalten mit dem Verstande nichts zu tun hat. Das Symptom wird seiner Rätselhaftigkeit erst dann beraubt sein, wenn die Frau begriffen hat, daß es ein Ausdruck ihrer unbewußten *Gefühle* (Aggressionen) gegen den Mann ist. Da sie aber von diesen Aggressionen (infolge der Verdrängung) nichts weiß, erlebt sie das Geschehen so: „Ich liebe meinen Mann sehr, möchte mich ihm auch ganz schenken, kann es aber aus rätselhaften Gründen nicht tun." Sie hat also ihren Konflikt: „Ich will und will auch wieder nicht" in ein „Ich will ja, kann aber nicht" verwandelt — ein bei der Neurose sehr typischer Vorgang. Nun hält der Mensch ein solches „grundloses" Verhalten nicht lange aus, er muß einen Grund finden, und wenn er den tatsächlichen nicht entdecken kann (dies ist so lange unmöglich, solange die Aggressionen verdrängt bleiben), wird er einen anderen suchen und diesen dann für die Ursache seines Verhaltens ansehen; mit anderen Worten, er wird sein irrationales Symptom verstandesmäßig erklären und es somit „rationalisieren". Wir sehen, wie dies unsere Patientin getan hat; da ihr der wahre Grund (Ablehnung des Mannes) verborgen bleibt, entdeckt sie einen anderen, nämlich die Angst vor einer Geburt. Es ist leicht, die großen Gefahren, die eine solche Rationalisierung mit sich bringt, zu erkennen: sie führt den Erkrankten, aber auch seine nähere Umgebung, sofern sie mit den Gesetzmäßigkeiten des neurotischen Verhaltens nicht vertraut ist, auf eine falsche Spur. Nun beginnt sich die Frau mit der Problematik des Gebärens auseinanderzusetzen, obwohl ihr Problem ein ganz anderes ist; nun versucht die Umgebung, ihr die Angst vor einer Geburt zu nehmen. In der Hoffnung, einer besseren Einsicht bei der Patientin zum Siege zu verhelfen, wird das Beispiel ungezählter Frauen angeführt, die ohne Komplikation geboren haben. Sie muß doch eines Tages — meint man — erkennen, daß ihre Sorge unberechtigt und maßlos übertrieben ist. Alle Welt beschäftigt sich also mit einer Frage, die im Grunde mit dem Problem der Patientin nichts zu tun hat, und führt damit, wie einst Don Quijote, einen erfolglosen Kampf gegen Windmühlen.

Solche Rationalisierungen, die oft durch ihren logischen Charakter bestechen, sind eine der gefährlichsten Seiten des neurotischen Verhaltens. Wenn man sie nicht durchschaut, wird man in eine hoffnungslose, nie endende Auseinandersetzung verstrickt. Die Praxis lehrt, daß auch sehr Erfahrene zum Opfer solcher Rationalisierungen werden können.

5. Der geschilderte Fall zeigt beweisend, daß sich neurotische Verhaltensweisen dem Willen des Menschen völlig entziehen. Wie schon eingangs angedeutet, ist nicht zuletzt deswegen die Neurosenlehre in manchen Kreisen von Anfang an mit Mißtrauen und Skepsis aufgenommen worden: die Tatsachen sprechen aber eine Sprache, die man nicht überhören kann. Unsere Patientin kann sich noch so bemühen und anstrengen, sie wird damit jene absolute Unfähigkeit zum Sexualverkehr mit ihrem Mann, die sie erlebt, nicht überwinden können, im Gegenteil, je mehr sie sich „Mühe gibt", desto größer wird verständlicherweise ihre Verkrampftheit. Denn mit der Aktivierung des bewußten „Wollens" wird natürlich auch der unbewußte Gegenspieler (das Nichtwollen) verstärkt. Es klingt theoretisch sicherlich ganz ausgezeichnet, wenn man immer wieder auf den freien Willen des Menschen in allen Lebenssituationen hinweist. Es wird aber mit dieser theoretischen Feststellung in vielen praktischen Fällen kein Staat zu machen sein.

Es ist überflüssig, hier darauf hinzuweisen, daß keineswegs jedes Versagen des Willens neurotisch ist. Der Mensch kann, auch ohne jede Neurose, mit seinen Bemühungen scheitern, weil — wie es klassisch heißt — „der Geist zwar willig, das Fleisch aber schwach ist". In solchen Fällen wird man sich um die Verbesserung des Willens bemühen müssen; dort aber, wo das neurotische Verhalten im Spiele ist, wird ein Appell an den Willen nicht nur sinnlos sein, sondern darüber hinaus den

Betreffenden in Verzweiflung stürzen; denn er wird dadurch unter einen verstärkten Druck gesetzt, ohne deswegen imstande zu sein, das Verlangte zu tun.

Der Fall weist schließlich auf die Problematik der Psychotherapie hin. Eine Neurose kann nur geheilt werden, indem das ins Unbewußte Verdrängte wieder ins Bewußtsein zurückkehrt, und zu diesem Zwecke hatte Freud die aufdeckende Psychotherapie ersonnen, die heute von verschiedenen Schulen in verschiedenen Varianten durchgeführt wird. In unserem Beispiel also: Die Frau muß sich ihrer zahlreichen Aggressionen gegen den Mann (und auch gegen die Eltern) bewußt werden; dann kennt sie den wahren Grund, der sie abhält, mit ihm in voller ehelicher Gemeinschaft zu leben. Ohne Zweifel beschwört nun diese Wiederentdeckung auch Belastungen herauf. Die Frau wird sich über ihre Aggressionen gegen den Ehepartner klar, sie beginnt zu erkennen, wie sehr er ihr aufgezwungen wurde, in welchem Ausmaß er von ihrem Idealbild des Partners abweicht und sie persönlich enttäuscht hat. Mit anderen Worten: Die Psychotherapie wird, wenn das Aufdecken der unbewußten Faktoren gelingt, zu einer entscheidenden, schwierigen Auseinandersetzung mit der Frage führen: „Kann ich diese Ehegemeinschaft, wenn ich solche Gefühle dem Mann gegenüber habe, aufrechterhalten?" Erinnern wir uns, daß nur Unangenehmes und Peinliches der Verdrängung anheimfällt: Jede Aufdeckung des Verdrängten muß daher auch als unangenehm und peinlich empfunden werden (man kann sogar sagen: Wenn es nicht weh tut, ist es wertlos, weil offenbar nichts wirklich Maßgebliches entdeckt wurde) und stellt nun doch zusätzlich den Menschen neuerlich vor jene Entscheidung, der er ursprünglich durch die Verdrängung ausweichen wollte. Mit anderen Worten: Eine aufdeckende psychotherapeutische Behandlung bringt mannigfache Belastung für den Patienten mit sich. Es versteht sich daher von selbst, daß es keinem ernst zu nehmenden Psychotherapeuten einfallen wird, ohne schwerwiegende medizinische Gründe, also ohne Vorliegen einer ausgeprägten neurotischen Symptomatik, eine aufdeckende Analyse vorzunehmen (in diesem Sinne kann wiederum nicht genug vor einer leichtfertigen Indikationsstellung zur Analyse gewarnt werden); andererseits ist aber medizinisch dort, wo eine Neurose (oder neurotische Reaktion) nachgewiesen ist, die aufdeckende Psychotherapie absolut indiziert und damit gerechtfertigt, ja, sie stellt sogar das einzige Mittel dar, die Neurose, welche den Lebensweg und die Lebensgestaltung des Kranken so sehr behindert und damit auch die Umgebung leiden läßt, zu beseitigen.

Was nun die Ehe unserer Patientin betrifft: Durch das Aufdecken der gegen den Mann gerichteten Aggressionen kann sie endgültig scheitern, aber sie kann dadurch auch auf den Weg eines neuen, besser gesagt erstmaligen Funktionierens (bisher war sie ja nur eine äußerliche Attrappe) gebracht werden; die letztere Möglichkeit besteht ohne Therapie auf keinen Fall. Unsere Patientin hat also die Aggressionen, die sie gegen ihren Mann hat, wieder entdeckt; nun muß sie nach Lösungsmöglichkeiten suchen. Vielleicht wird sie zu dem Schluß kommen, daß sie selbst mit ihrem Urteil über den Mann zu hart oder zu empfindsam gewesen ist; vielleicht wird sie feststellen, daß man mit dem Mann doch vernünftig reden kann, daß bezüglich seiner Person das letzte Wort noch nicht gesprochen ist, daß er, wie jeder Mensch, zumindest innerhalb gewisser Grenzen änderbar ist; vielleicht wird sie auch erkennen, daß ihre Ablehnung seiner Person gar nicht ihm selbst, sondern den Eltern gilt, die ihn für sie ausgesucht haben, also im Grunde eine Projektion darstellt; vielleicht auch wird sie die Situation für hoffnungslos verfahren halten und daraus die Konsequenzen der Scheidung ziehen. Wie dem auch immer sei, mit Nachdruck muß gesagt werden, daß die letzte Entscheidung über das zukünftige Verhalten in die Kompetenz der Patientin fällt, daß sie die Konsequenz zu ziehen hat, so oder so; daß ihr damit eine Verantwortung zufällt, die ihr niemand, insbesondere auch nicht der Therapeut, abnehmen kann. Wichtig ist nur, daß es wirklich ihre Entscheidung ist, daß diese weder durch Manipulation noch durch neuerliche Verdrängung zustande kommt: denn in beiden Fällen müßte mit dem Wiederauftreten neurotischer Symptome gerechnet werden.

6. Nun steht die Frau also in psychotherapeutischer Behandlung. Ist es aber berechtigt, sie deswegen so zu verachten, wie es hier und anderswo leider noch immer geschieht, wenn man erfährt, daß ... Diese Frau ist weder eine Simulantin, die sich durch vorgetäuschte Krankheit Vorteile zu verschaffen versucht, noch eine „arme Irre", automatisch als Mensch minderer Qualität zu bewerten. Heute bedeutet zum Nervenarzt zu gehen keineswegs, daß man an einer Geisteskrankheit leidet. Seit den Entdeckungen Freuds beschäftigt sich die Psychiatrie auch, ja sogar zu einem überwiegenden Prozentsatz, mit den „bloß" seelischen Störungen, vor allem den Neurosen. (Bei dieser Gelegenheit: Ist es nicht ebensolches Unrecht, den wirklich Geisteskranken, also an einer Psychose Leidenden, herabzusetzen und zu stigmatisieren? Kann nicht jeder von uns, ohne Ausnahme, schon morgen von einem ähnlichen Schicksal erreicht werden? — Es ist eine der schlimmsten Formen menschlicher Hybris, sich einzubilden, man selber wäre gegen eine solche Gefahr immun, könnte unter gar keinen Umständen davon getroffen werden.)

Sehen wir also die Frau realistisch: als einen Menschen, der seine Konflikte allein nicht lösen konnte, der nun durch seine Symptome laut um Hilfe ruft, der diese Hilfe, wie jeder andere Kranke, beim zuständigen Spezialisten, in diesem Falle beim „Seelenarzt", erhalten kann, und unterstützen wir dessen therapeutische Bemühung durch die Förderung eines möglichst günstigen, verständnisvollen psychischen Klimas im kleinen wie im großen Rahmen.

Der dargestellte Fall ermöglichte uns einen gründlichen Einblick in das Wesen des neurotischen Konfliktes und des neurotischen Verhaltens, wenn es auf der Verdrängung eines Erwachsenen beruht und es sich damit nur um eine neurotische Reaktion handelt. Die Problematik der Neurose ist insofern viel komplizierter, als sie bereits in die Kindheit zurückgeht. Eine neurotische Reaktion, wie wir sie hier beschrieben haben, kann jeder Mensch entwickeln, wenn er einer Schwierigkeit durch Verdrängung Herr zu werden sucht. Eine Neurose hingegen kann nur derjenige bekommen, bei dem sich bereits in der Kindheit ein neurotischer Konflikt entwickelt hat.

Wenn wir bei einem erwachsenen Menschen also neurotische Symptome feststellen, kann es sich um eine neurotische Reaktion handeln (beruhend auf Verdrängung als Erwachsener), aber natürlich auch um eine Neurose, welche auf Verdrängung in der Kindheit zurückgeht und dann im Erwachsenenalter konsequent fortgesetzt wird.

II.

WIE DAS KIND NEUROTISIERT WIRD

Worin besteht der Unterschied zwischen der Neurotisierung des Kindes und der des Erwachsenen? Man könnte sagen: Der Erwachsene hat zumindest eine gewisse Möglichkeit, Verdrängungen und damit Neurotisierungen zu vermeiden. Wie wir im ersten Kapitel gesehen haben, gibt es viele Situationen, die den Erwachsenen (mehr oder weniger) zur Verdrängung verführen, aber wohl selten eine, die ihn zu einer Verdrängung *zwingt*.

Ganz anders ist die Lage des Kindes. Es gibt *eine* Situation, die dem kleinen Erdenbürger keinen anderen Ausweg läßt als den der Verdrängung: wenn er nämlich durch das falsche Verhalten der Eltern in Haßgefühle gegen sie hineingetrieben wird. Das Kind kann mit einem solchen Haß nicht leben; seine Fernhaltung aus dem Bewußtsein ist daher für das Kind eine absolute Notwendigkeit, und damit ist jener Konflikt zwischen bewußten Gefühlen (Liebe) und unbewußten (Aggressionen) gegeben, der die Geburtsstunde der Neurose darstellt.

Kein Kind kommt neurotisiert zur Welt. Diese Erkrankung hat mit „Vererbung" nicht das geringste zu tun. ALRED POLGAR: „Auge des Kindes: eine Welt schaut da heraus (die noch heile); Auge des Erwachsenen: eine Welt (die schon geschädigte) schaut da hinein." Deutlicher kann der schädigende Einfluß der Umwelt, natürlich vor allem der am nächsten Stehenden, nicht ausgedrückt werden.

Freilich, die Neurotisierung des Kindes kann schon im Mutterleib einsetzen, weswegen wir heute zu Recht eine pränatale Psychologie besitzen. Das Kind ist in der Gebärmutter an den

Kreislauf der Mutter angeschlossen und vermag auf diese Weise sehr wohl Botschaften von der Mutter zu empfangen und aufzunehmen. Auf diese Weise „spürt" das Kind alle *Empfindungen* der Mutter, seien sie nun freudiger, liebevoller oder aber ängstlicher, zwiespältiger oder gar feindseliger Art.

Das Kind kommt mit einer, man möchte fast sagen, eingeborenen Sehnsucht (und Fähigkeit) auf die Welt: sich nach den Eltern auszurichten, sie zu lieben und zu ihnen „Ja" zu sagen. Seine Hilflosigkeit, sein „Ausgesetztsein", macht es vollständig von den Eltern abhängig, weisen diesen eine gottähnliche Position zu. Die Katastrophe tritt ein, wenn diese intensive Zuwendung von den Eltern nicht entsprechend beantwortet wird, sondern auf deren Seite Ablehnung oder Gleichgültigkeit oder „falsche Liebe" dominiert. Dann beginnt sich das „Ja" des Kindes in ein „Nein" zu verwandeln; aber dieses Nein ist, wie schon gesagt, für das Kind nicht erträglich, denn es wäre mit *bewußten* Haßgefühlen gegen die Eltern nicht überlebensfähig. Nachdrücklich muß in diesem Zusammenhang gesagt werden: Niemals wird ein Kind durch *ein* Ereignis in das „Nein" hineingetrieben, sondern immer nur durch eine langanhaltende neurotisierende Atmosphäre.

Wir haben beim Erwachsenen gesehen, daß er gegenüber einer verbotenen Tendenz drei Lösungsmöglichkeiten hat: Ausleben, Überwinden, Verdrängen. Es ist leicht zu erkennen, daß dem Kind, wenn es sich um Haßgefühle gegen die Eltern handelt (und nur dann, denn gegenüber anderen Menschen ist die Problematik vollständig verändert), die Möglichkeit des Auslebens infolge seiner Abhängigkeit völlig verwehrt ist. Ebenso kann es sie nicht überwinden, denn dazu braucht es eine gereifte Persönlichkeit; also bleibt ihm *nur* die Verdrängung.

Im übrigen kann es schon deswegen weder zu einem Ausleben noch zu einer Überwindung der Haßgefühle kommen, weil der Verdrängungsmechanismus beim Kind ganz anders aussieht als beim Erwachsenen: Diese Haßgefühle werden erst gar nicht in das Bewußtsein eingelassen, sondern im Vorbewußtsein gehalten und abgefangen: ein entscheidender Schutzmechanismus, der dem Kinde zur Verfügung steht, aber auch ein sehr gefährliches Faktum, weil gerade dadurch den Eltern die entstandenen Aggressionen lange Zeit verborgen bleiben können. Alice Miller schreibt in diesem Zusammenhang: „Die Toleranz der Kinder Eltern gegenüber kennt keine Grenzen. Jede bewußte oder unbewußte seelische Grausamkeit der Eltern ist in der Liebe des Kindes sicher vor Entdeckung geschützt."

In der Folge möchte ich nun die Grundsymptome der kindlichen Neurose beschreiben, und es versteht sich von selbst, daß es dabei zu Wiederholungen kommen muß, weil wir einen Teil dieser Symptome bereits bei den neurotischen Reaktionen des Erwachsenen beschrieben haben. Es geht mir aber hier insbesonders darum, die Unterschiede in der Symptomatik der kindlichen Neurose und der neurotischen Reaktion des Erwachsenen herauszuarbeiten.

1. DIE AMBIVALENZ

Worin sie gelegen ist, wissen wir bereits. Hier aber wird ein ganz kleiner Mensch von diesem Phänomen überfallen, durch das gleichsam die Einheit der Gefühlssphäre gegenüber den wichtigsten Personen des kindlichen Lebens zerstört wird; ein Riß geht von nun an durch die kindliche Seele; ein Paradies ist verloren, das nur schwer noch einmal in Besitz genommen werden kann.

Schlimm ist es nun aber auch, daß der Neurotiker später diese Ambivalenz, die er also in der frühen Kindheit „erworben" hat, auf andere Personen überträgt, und zwar nach dem Grundsatz: Je wichtiger die Person, desto wahrscheinlicher erfolgt die Übertragung der in der Kindheit erlernten Ambivalenz auf sie.

Bei dieser Regel spielt natürlich das Geschlecht eine wesentliche Rolle. Ist die Ambivalenz zum Beispiel vorwiegend gegenüber der Mutter entstanden, so wird sie eher auf weibliche als auf männliche Personen „übertragen" werden. Man kann gedanklich leicht nachvollziehen, daß durch diese Wiederholung des in der Kindheit erlernten Verhaltensmusters spätere Beziehungen mit hoher Wahrscheinlichkeit zu scheitern drohen. Wer gezwungen ist, einem Menschen mit Ambivalenz zu begegnen, der erzeugt gewöhnlich in diesem ebenfalls eine Ambivalenz. Dies um so wahrscheinlicher, als ja der Partner nicht verstehen kann, warum sich der andere ihm gegenüber so ambivalent verhält. Immer wieder hört man dann den Satz: „Womit habe ich denn ein solch zwiespältiges Verhalten verdient? Ich war doch so bemüht, ihm voller Liebe entgegenzukommen."

Heute ist die Zahl der in der Kindheit in die Ambivalenz hineingetriebenen Menschen so groß, daß es schon als Glück bezeichnet werden kann, einen Partner zu finden, der nicht von diesem verhängnisvollen Phänomen befallen ist.

2. DIE NEUROTISCHE ANGST

Bevor ich auf die neurotische Angst eingehe, muß ich erwähnen, daß es natürlich auch viele andere Formen der Angst gibt, und die drei wichtigsten von ihnen kurz besprechen.

a) Die Realangst

Sie entsteht als Reaktion auf ein angsterregendes Geschehen. Was uns „berechtigt", Angst zu haben, dafür gibt es zahlreiche objektive Kriterien. Solche angsterregenden Situationen lassen sich nicht vermeiden; sie sind lebensimmanent, wie es so schön heißt, oder um es mit ERICH KÄSTNER auszudrücken: „Seien wir ehrlich, leben ist immer lebensgefährlich." Die Beantwortung einer realen Gefahr mit Angst ist nicht nur lebensnotwendig, sondern oft auch lebenserhaltend, denn oft genug hat uns Angst in kritischen Umständen gerettet, und wir wären zugrunde gegangen, hätten wir nicht Angst als Warnung vor eigenem Übermut, Unterschätzung der Gefahr, unüberlegtem Tun entwickelt. Aber es gibt dabei eine Angst, die die richtigen Abwehrmaßnahmen fördert, die Aktivität entstehen läßt, also positive Aspekte zeigt, und eine andere, die zur Lähmung des Betroffenen nach Art des Kaninchens vor der Schlange führt.

b) Die existentielle Angst

Mit der Aufklärung begann eine Tendenz, die bis heute nicht mehr zum Stillstand gekommen ist. Der „vernünftige" Mensch wollte sich an die Stelle Gottes setzen. „Eritis sicut deus", lautete die Devise, die den Menschen als stark, mächtig, unabhängig, als den Herrn der Welt darstellte: „Will kein Gott auf Erden sein, sind wir selber Götter." Der Mensch wurde dabei als das Maß aller Dinge ausgerufen, alles wurde machbar, keine Grenzen schienen mehr für ihn zu existieren; Fortschritte der Wissenschaft sollten ewiges Glücklichsein bedeuten. Ungehört blieben die Warnungen GALILEIS („Der Mensch ist nicht Mittelpunkt der Welt"), DARWINS („Der Mensch stammt vom Tiere ab") und FREUDS („Der Mensch ist nicht Herr seines Unbewußten"). Diese Weltanschauung war nur aufrechtzuerhalten durch die gewaltsame Verdrängung der eigenen Schwäche.

Gerade aber in unserer Zeit wird der Mensch in wirklich dramatischer Form an die Unhaltbarkeit dieser Verdrängung gemahnt. Wir sind dabei, die Grundlage jedes menschlichen Leben-Könnens, die Natur, zu zerstören. Die Technik entwickelt sich vom Diener des Menschen zu seinem Herrn. Zum ersten Mal in der Geschichte des Menschen steht sein Überleben im Falle eines Atomkrieges zur Diskussion.

Das menschliche Omnipotenzgefühl ist also nicht aufrechtzuerhalten. Die Menschen erkennen, daß sie sich mit der Verdrängung ihrer Schwächen um eine wesentliche Dimension ihres Seins und Ringens gebracht haben. Dennoch fürchten sie sich nach wie vor vor dem Auftauchen dieser Begrenztheit der menschlichen Existenz aus der Tiefe ihrer Seele, und in stellvertretender Form tritt dieses Schwächegefühl in existentieller Angst in Erscheinung. Natürlich um so eher in einem Lebensabschnitt, in dem der Mensch drastisch an seine Begrenztheit erinnert wird, also während des Prozesses des Alterns, welcher mit Leiden, Sterben und Tod als den urmenschlichen Problemen schlechthin gekoppelt ist.

c) Die irreale Angst

Sie kommt vor allem bei Geisteskrankheiten unter dem Einfluß von Wahnvorstellungen und Halluzinationen zustande (zum Beispiel Verfolgungswahn). Es gibt auch bestimmte depressive Zustände (wir bezeichnen sie als endogene Depressionen, und sie verlaufen phasenhaft), wo sich zu Hemmung, Verlust der Aktivität, Verlust der Lebensfreude, Schuldgefühlen, Selbstvorwürfen, Grübelzwängen, resignativer Hoffnungslosigkeit, Pessimismus und schweren Schlafstörungen auch eine innere Unruhe hinzugesellen kann, die hin bis zu panischer angstvoller Getriebenheit führen mag. Hier ist es durch das Vorhandensein der anderen Symptome leicht möglich, die Angst als eine depressive zu qualifizieren.

d) Die neurotische Angst

Nun aber zur neurotischen Angst: Eigentlich haben wir sie schon ein wenig erwähnt, als wir im ersten Kapitel (mit einem Lehrer/Schüler-Vergleich) davon sprachen, daß verdrängte Dinge die Tendenz haben, aus dem Unbewußten wieder in das Bewußtsein einzudringen. Da es sich bei diesem verdrängten Material, wie wir wissen, immer um sehr Peinliches handelt, wird dieses Eindringenwollen als enorm beunruhigend erlebt werden müssen. Dies ist die Geburtsstunde der irrationalen neurotischen Angst; irrational ist sie deswegen, weil sie mit dem Verstand nichts zu tun hat, sondern durch verdrängte Gefühle ausgelöst wird. Wir brauchen uns nur ein wenig in das kleine Lebewesen hineinzudenken, um zu ermessen, daß hier das Angstphänomen in einem viel größeren Ausmaß beunruhigend erlebt wird als von einem Erwachsenen.

Ein Punkt muß noch an dieser Stelle besonders hervorgehoben werden: Wir haben im ersten Kapitel gesehen, wie es dem Erwachsenen durch den Abwehrmechanismus der Rationalisierung gelingt, aus der Angst eine Furcht zu machen, die schon ein wenig leichter zu ertragen ist als die „nackte" Angst. Selbstverständlich steht dem Kinde dieser Abwehrmechanismus nicht zur Verfügung, was umso mehr dazu beitragen wird, daß es sich hier dem Angstgefühl wehrlos ausgeliefert empfindet.

Vielleicht sollte noch erwähnt werden, daß mit jedem Jahr, welches das Kind älter wird, die Chance auf eine Rationalisierung natürlich zunimmt. Wenn zum Beispiel ein vierjähriges Kind Angst vor der Dunkelheit entwickelt, so kann dies einer Realangst entsprechen, kann auch eine Folge davon sein, daß man das Kind durch schreckliche Geschichten (z. B. vom Krampus) verängstigt hat, es kann aber auch bereits eine Art Rationalisierung einer neurotischen Angst bedeuten.

3. DAS NEUROTISCHE MINDERWERTIGKEITSGEFÜHL

Dieses Symptom wurde bei der neurotischen Reaktion des Erwachsenen noch nicht erwähnt, weil es eben geradezu als ein Spezifikum der kindlichen Neurotisierung bezeichnet werden kann.

Das Kind, welches sich nicht geliebt fühlt, kann sich selbst nicht lieben gemäß dem wunderbaren Satz von RÜCKERT: „Daß du mich liebst, macht mich mir wert." Für das ungeliebte Kind verwandelt sich dieser Satz etwa so: Da du mich nicht liebst, kann ich mich nicht akzeptieren. Es ist aber eine Lebensnotwendigkeit, daß wir lernen, uns selbst zu achten, zu uns selbst eine positive Beziehung zu haben. PETER TURRINI drückt dies wie folgt aus:

> Wie lange noch
> werde ich alles hinunterschlucken
> und so tun,
> als sei nichts gewesen?
>
> Wie lange noch
> werde ich auf alle eingehen
> und mich selbst
> mit freundlicher Miene
> vergessen?
>
> Wie lange
> müssen sie mich noch schlagen,
> bis dieses lächerliche Grinsen
> aus meinem Gesicht fällt?
>
> Wie lange noch
> müssen sie mir ins Gesicht spucken,
> bis ich mein wahres
> zeige?
>
> Wie lange
> kann ein Mensch
> sich selbst nicht lieben?
>
> Es ist so schwer,
> die Wahrheit zu sagen,
> wenn man gelernt hat,
> mit der Freundlichkeit
> zu überleben.

ALFRED ADLER hat jenen Zustand, der uns nicht ermöglicht, an uns selbst zu glauben, als Minderwertigkeitskomplex bezeichnet. Dieser Ausdruck ist heute zu einem Allgemeinbegriff geworden, ganz losgelöst von seinem Schöpfer, sehr ähnlich jenem Prozeß, der zu einem Volkslied führt. Dies alles spricht dafür, daß heute der Minderwertigkeitskomplex unglaublich weit verbreitet ist, und auch dieses wiederum hat verhängnisvolle Folgen für den Träger genauso wie für seine Umgebung.

Aus der Heiligen Schrift wissen wir: „Liebe deinen Nächsten wie dich selbst." In einer klareren Form kann nicht gezeigt werden, daß Selbstbejahung Voraussetzung der Nächstenliebe ist, oder, um es in der Negation auszudrücken, daß, wer sich selbst nicht bejaht, auch andere nicht lieben kann. In der Öffentlichkeit sind gerade über diesen Punkt falsche Ansichten weit verbreitet, nämlich etwa die: Die Selbstbejahung stünde der Nächstenliebe im Wege.

Man darf also die Selbstbejahung nicht mit Selbstliebe verwechseln. Wer eine gute, natürliche, gesunde Beziehung zum eigenen Ich hat, der wird imstande sein, zum Partner eine Beziehung aufzubauen, welche eine von Subjekt zu Subjekt ist, denn er braucht den anderen nicht, um sich selbst zu bestätigen; er ruht gewissermaßen in sich selbst. Wo es jedoch zu einer Verunsicherung des eigenen Ichs, etwa zum Minderwertigkeitskomplex gekommen ist, dort wird der andere benötigt, um auf dessen Kosten das ramponierte Selbstgefühl wiederherzustellen. Hier entsteht also nicht eine Beziehung zwischen zwei Subjekten, sondern der andere wird zum Objekt, als Mittel zum Zweck, degradiert. Es ist auch nicht annähernd zu vermuten, wie oft dieser Vorgang heute vorkommt und wie oft auch an ihm zwischenmenschliche Beziehungen scheitern.

Noch eine Folge muß ausgedrückt werden: Wer sich minderwertig fühlt, fühlt sich schlecht; wer sich schlecht fühlt, zieht sich entweder in die Einsamkeit und Isolation zurück, oder aber er entwickelt die Charakterzüge der Verbitterung wie zum Beispiel Neid, Haß, Tendenz zur Gewaltanwendung und zur Machtgier. LAING hat in einer seiner „Knotenbildungen" diesen Prozeß wunderbar nachvollzogen:

Meine Mutter liebt mich.
Ich fühle mich gut.
Ich fühle mich gut, weil sie mich liebt.

Ich bin gut, weil ich mich gut fühle.
Ich fühle mich gut, weil ich gut bin.
Meine Mutter liebt mich, weil ich gut bin.

Meine Mutter liebt mich nicht.
Ich fühle mich schlecht.
Ich fühle mich schlecht, weil sie mich nicht liebt.

Ich bin schlecht, weil ich mich schlecht fühle.
Ich fühle mich schlecht, weil ich schlecht bin.
Ich bin schlecht, weil sie mich nicht liebt.
Sie liebt mich nicht, weil ich schlecht bin.

In dieser Knotenbildung wird noch ein anderer Prozeß meisterhaft dargestellt: Das ungeliebte Kind wird oft bösartig und liefert damit den Eltern tragischerweise das Alibi dafür, wie man es immer wieder hört, „daß man ja einen solchen zu Recht nicht geliebt habe, ja, ihn nicht liebhaben könne". Daß dabei die wahre Kausalität ganz anders läuft, nämlich, daß die Eltern das Kind völlig unberechtigter- und unerlaubterweise nicht geliebt haben und daß erst daraus das sogenannte „böse Kind" resultierte, wird dabei geflissentlich übersehen.

Zum Abschluß dieses tragischen Komplexes noch eine Bemerkung: Wer sich minderwertig fühlt, ob er sich deshalb nun gekränkt zurückzieht oder gewalttätig ausbricht, kann in beiden Fällen nicht lieben. Jüngst hat HERBERT PIETSCHMANN gesagt: Es gibt zwar unendlich viele Definitionen, worin der Sinn des Lebens bestehen oder gefunden werden könne; dies alles erübrigt sich aber vor dem einfachen Satz: Der Sinn des Lebens ist, zu lieben.

PIETSCHMANN folgert daraus: Wenn du den Sinn des Lebens nicht finden kannst, suche daher nicht mit Gewalt nach einem bestimmten Sinn, sondern prüfe dich, warum du nicht lieben kannst.

Wenn man diese Zusammenhänge, die auch ganz meinem jahrzehntelangen therapeutischen Umgang mit Selbstmordgefährdeten entsprechen, nachvollzieht, wird man verstehen, warum das Minderwertigkeitsgefühl so oft in das Gefühl der Sinnlosigkeit der eigenen Existenz mündet.

4. DAS NEUROTISCHE SCHULDGEFÜHL UND DIE DARAUS RESULTIERENDE NEUROTISCHE SELBSTBESTRAFUNGSTENDENZ

Wer jemals begonnen hat, seine Eltern auf Grund ihres Verhaltens zu hassen, und gezwungen war, diese Aggressionen im Vorbewußten zu halten, bei dem entwickelt sich ein Schuldgefühl, das ebenso unbewußt bleibt wie seine Quelle: die Aggression. In dieser Feststellung, die ungezählte Male wissenschaftlich belegt wurde, verbirgt sich eine doppelte Tragödie.

Wir haben ja das Schuldgefühl bereits auch bei der neurotischen Reaktion des Erwachsenen erklärt; dort kann es aber auch mit einer verdrängten tatsächlichen Schuld in Zusammenhang stehen, wenn dies auch keineswegs der Fall sein muß, weil es sich ja auch um bloß verdrängte Wünsche handeln kann. Beim Kind ist aber die Situation völlig anders. Fürs erste muß bedacht werden, daß ein Kind ja nichts dafür kann, wenn Aggressionen als Reaktion auf das falsche Verhalten der Eltern in ihm entstehen. Leider ist aber das Kind noch nicht imstande, dieses zu erfassen und zu analysieren. Selbst wenn ihm die Aggressionen bewußt wären — was sie ja nicht sind —, wäre ihm dies auf Grund seiner begrenzten Fähigkeiten noch nicht möglich.

Zum zweiten kann es ja bei diesem Prozeß zu keiner schuldhaften Handlung des Kindes kommen. Dennoch genügt die Tatsache, daß der unbewußte Hintergrund des Kindes von Haß gegen die Eltern besetzt ist, um ein Schuldgefühl zu erzeugen. Es resultiert aus all dem der unbeschreiblich tragische Tatbestand, daß es sich schuldig fühlt, ohne im geringsten schuldig zu sein.

Wir haben in der Regel folgenden Ablauf: Auf der einen Seite sind da die Eltern, die das Kind schädigen, in die Aggression und Neurose hineintreiben, die aber dabei überzeugt sind, entweder nur das Beste für das Kind zu wollen, oder aber nur von einem Recht Gebrauch zu machen, das ihnen eben zusteht, und die jedenfalls weit von jedem Schuldgefühl entfernt sind.

Auf der anderen Seite stehen die Kinder, die schuldlos in den Haß gegen die Eltern hineingetrieben werden, die man nicht hassen darf, und bei denen sich nun auf Grund dieses unbewußten Schuldgefühles eine unbewußte, enorme, unaufhaltsame chronische Selbstbestrafungstendenz entwickelt. Man kann das nicht oft genug sagen: Hier wird der Mensch unbewußt zu seinem allerschlimmsten Feind, und für diese Person gilt der Satz von Csokor: „Das Wichtigste wäre es, den Menschen vor sich selber zu schützen."

Karl Stern drückt es so aus:

Es ist nun eine Tatsache, daß unter uns Tausende und Tausende von Menschen leben, die in einer höchst merkwürdigen Weise entweder selbst leiden oder Menschen in ihrer Umgebung leiden machen. Sie leben in Todesängsten, oder sie haben alle Fähigkeit zu hoffen verloren, oder sie sind in geheimnisvollem Haß verstrickt. Sie sind darauf aus, das zu zerstören, was ihnen Glück bringen würde, sie sind nicht imstande, anderen zu trauen, oder sie sind überwältigt von etwas, das man am besten unersättliche Reue nennen kann. Sie bilden ein Riesenheer von Leiden, Unzufriedenheit, Enttäuschung und Hemmung.

Alfred Adler hat von Menschen gesprochen, die ständig ihren eigenen Ohrfeigen nachlaufen. Baudelaire hat diesen Masochismus, der sich auf das gesamte menschliche Verhalten bezieht, in erschütternde Verse zusammengefaßt:

Ich bin das Messer und die Wunde,
ich bin die Wange und der Streich,
gerädert Glied und Rad zugleich.
Ich bin der Henker und sein Kunde.

So entstehen Lebensläufe, durch die wie ein roter Faden von Anbeginn bis zum Ende die unbewußte Tendenz der Selbstbestrafung festzustellen ist, wobei man natürlich dem Grade nach zwischen Selbstschädigung, Selbstzerstörung und Selbstvernichtung unterscheiden kann. So unfaßbar schrecklich dieser Tatbestand ist — vielleicht noch schlimmer ist das Ausmaß der Gleichgültigkeit, welches die Welt diesen unzähligen Prozessen gegenüber zeigt. Wir leben in einer Zeit, in der gleichsam das einzelne Leben nichts mehr wert zu sein scheint und gegenüber dem Schicksal der anderen vollständige Unbetroffenheit vorherrscht. Vergessen ist das Wort von Heinrich Heine, daß unter jedem Grabstein gleichsam eine Weltgeschichte verborgen ist, weil in jedem Menschen die ganze Welt lebt und mit diesem auch wieder zugrunde geht.

Ich habe einmal eine Szene erlebt, als ich bei einem Vortrag diese Besessenheit des Neurotikers nach Selbstbestrafung beschrieb, wie ein recht prominenter Mann aufstand und rief: „Wenn sie sich bestrafen wollen, dann sollten doch wir ihnen diese Arbeit abnehmen; wir würden ihnen dann ja nur ihre Wünsche erfüllen." Diese Worte zeigen nicht nur das vollständige Unverständnis der Öffentlichkeit für die neurotische Problematik, sondern auch unbeabsichtigt eine Wahrheit, denn sehr oft läßt sich die Öffentlichkeit nur allzu gerne in den Dienst der Selbstbestrafungstendenz des Neurotikers stellen. Überflüssig, zu sagen, daß es nur eine wirkliche Chance gibt, diese unersättliche Selbstbestrafungstendenz zu beenden: die Heilung der Neurose, die Befreiung vom Schuldgefühl (welches ja, wie gezeigt wurde, bei der kindlichen Neurotisierung mit Realschuld nichts zu tun hat).

5. DAS BEDÜRFNIS, DIE NEUROTISCHE KONFLIKTSITUATION DURCH IMMER NEUE SYMPTOME SYMBOLISCH DARZUSTELLEN

Die Neurose entsteht im Kind aus einem Konflikt zwischen Triebtendenzen, nämlich Aggressionen gegen die Eltern (durch deren falsches Verhalten hervorgerufen), und der Tatsache, daß diese Triebtendenzen verboten sind. Die Verdrängung, welche den Konflikt zu lösen versucht (die Zurückhaltung der Aggressionen im Vorbewußtsein), führt nun zu einer Pseudolösung, denn weder die Triebwünsche noch die Gewissensforderungen werden durch sie voll befriedigt: Es kommt ja weder auf der einen Seite zu einem Ausleben der Aggressionen noch auf der anderen Seite zu einer Überwindung der verbotenen Triebwünsche. Daher werden nun in neurotischen Symptomen die beiden Kräfte, deren Aufeinanderprallen die Neurose bedingt haben, symbolisch dargestellt und gleichzeitig befriedigt.

In jedem neurotischen Symptom findet man dementsprechend eine aggressive Tendenz (zum Beispiel im Bettnässen die Auflehnung, die Verunreinigung) und gleichzeitig auch eine Befriedigung des Gewissens, eben in der Form der bereits erwähnten Selbstbestrafungstendenz (es ist kein Vergnügen, nun im Nassen zu liegen, und außerdem erhöhen die Erwachsenen gewöhnlich die Selbstbeschädigung, indem sie noch zusätzlich das Kind für das Einnässen bestrafen).

Entsprechend diesem Dualismus macht der Mensch, der ein neurotisches Symptom entwickelt, andere (als Ausdruck seiner Aggression) leiden, leidet aber unter diesen Symptomen (da sie ja auch Ausdruck der Selbstbestrafung sind) *selbst ebenfalls enorm.* Dieses Faktum wird allzu oft übersehen, weil die Umwelt gewöhnlich nur geneigt ist, sich selbst als betroffen zu empfinden, und beharrlich ignoriert, daß jedes neurotische Symptom auch tiefste Selbstquälung bedeutet.

Hier ergibt sich noch eine Dialektik der neurotischen Symptomatik. Im Grunde ist jedes neurotische Symptom ein Schrei um Hilfe, ein Wunsch, auf sich aufmerksam zu machen, eben im Sinne der Bitte: Liebt mich nun mehr und liebt mich besser als bisher. Die Tragik aber ist, daß in der Regel der Neurotiker das gerade Gegenteil erreicht, nämlich einen zusätzlichen Liebesentzug. Das „schwierige Kind" wird abgelehnt. Um bei dem Beispiel des Bettnässens zu bleiben: Wenn die Umwelt wütend wird und einen Neurotiker noch grundsätzlich bestraft — und schon die Herabsetzung und Bloßstellung ist eine fürchterliche Strafe —, so kann dies vom Kind nur als zusätzlicher Liebesentzug erlebt werden und damit zu einer Intensivierung seiner neurotischen Symptomatik führen. Wir sollten in diesem Zusammenhang die Maxime von ALFRED ADLER nie vergessen. „Wer Schwierigkeiten macht, hat welche." Und wir sollten vor allem diesen Satz so fortsetzen: „Wenn das Kind Schwierigkeiten hat, vielleicht sind wir daran beteiligt."

Aber leider, die Eltern verhalten sich hier so, wie später auch viele andere Institutionen gegenüber neurotischen Menschen: Wenn die Schwierigkeiten machen, so ist es schon ihr allerletzter Gedanke, daß sie daran schuld sein könnten.

Man könnte also jede neurotische Symptomatik als einen Protest gegen die Eltern (später auch gegen die Umwelt) bezeichnen, der aber gleichzeitig unweigerlich auch zu einer Selbstschädigung führt. Durch diesen Tatbestand unterscheidet sich der neurotische Protest von jedem anderen „gesunden" Protest. Wer als Kind diesen Mechanismus erlernt hat, besser gesagt: in ihn hineingetrieben wurde, wie wir gesehen haben, der wird auch später in seinem ganzen künftigen Leben die Tendenz zeigen, andere solche Formen neurotischen Protestes zu entwickeln. Es besteht gar kein Zweifel, daß unsere Welt in zunehmendem Maße erfüllt ist von solchen neurotischen Protesten; ein mehr als ernster Hinweis darauf, wie viele Menschen in der Kindheit neurotisiert werden.

Die wichtigsten Formen dieser neurotischen Proteste in unserer Zeit sind:

Psychosomatische Erkrankungen

Sie kommen immer dadurch zustande, daß man protestieren möchte, aber nicht die Kraft aufbringt, es zu tun. Statt dessen unterdrückt man die eigene Erbitterung, schluckt alles hinunter, „frißt es in sich hinein", wie die Patienten sagen, und erkrankt daran („Was kränkt, macht krank"). Diese Krankheit wird aber dann wiederum für die Umwelt und für die ganze Gesellschaft zu einem Problem. Meisterhaft drückt diesen Zusammenhang PETER TURRINI aus:

„Das Nein,
das ich endlich sagen will,
ist hundertmal gedacht,

still formuliert,
nie ausgesprochen.
Es brennt im *Magen,*
nimmt mir den *Atem,*
wird zwischen meinen *Zähnen* zermalmt
und verläßt
als freundliches Ja
meinen Mund."

Alle Formen der Sucht

Jede Sucht ist ein Versuch, aus der realen Welt auszubrechen (ein Vorwurf an uns alle), der aber infolge der gleichzeitigen Selbstbestrafung zu einer Zerstörung des Körpers, der Seele und der sozialen Position führt.

Eßgewohnheiten

Sowohl bezüglich einer krankhaften Nahrungsreduktion als auch einer Freßsucht führt dies in beiden Fällen zu einer massiven Schädigung des eigenen Körpers. Nicht umsonst spricht man in diesem Zusammenhang von „Selbstmord mit Messer und Gabel".

Kriminalität

Fast jedes Verbrechen ist ein „Gebrechen", hinter dem eine krankhafte Aggression steht, die aber gleichzeitig im Unbewußten nach einer Entdeckung und Bestrafung verlangt. Kriminalität ist leider immer wieder mit sozialem Tod gekoppelt.

Spielleidenschaft

Wir wissen heute, daß der klassische Spieler zwar bewußt natürlich gewinnen, unbewußt aber verlieren will, weswegen er nicht rastet und ruht, bis er dieses Ziel erreicht hat.

Provokation von Unfällen aller Art, besonders auch im Straßenverkehr

Viele Menschen haben einen Fahrstil, welcher eine ebenso große Bedrohung der anderen Verkehrsteilnehmer wie der eigenen Person heraufbeschwört. Dahinter steht sehr häufig ein unbewußter Wunsch, andere und sich selbst zu vernichten. Man spricht in diesem Zusammenhang auch davon, daß man ein „Gottesurteil über Leben und Tod" provoziert, gleichsam unter dem Motto: Geht es gut, ist es gut; geht es schlecht aus, ist es auch gut. Es versteht sich von selbst, daß ein Mensch, der im Straßenverkehr von Aggression und Tendenz zur Selbstbestrafung gleichzeitig beherrscht wird, kein „Entgegenkommender" im doppelten Sinne dieses Wortes sein kann.

Kriegsbereitschaft

Sehr oft ist man kriegsbereit, um andere zu vernichten, übersieht aber dabei geflissentlich, wie sehr man diesbezüglich dadurch selbst bedroht ist. Die Erklärung für dieses Phänomen ist darin zu finden, daß der eigene Selbstvernichtungswunsch im Unbewußten verborgen gehalten wird. Gerade an den beiden Weltkriegen dieses Jahrhunderts — schon bei Wilhelm II., ganz besonders aber bei Hitler — läßt sich dieses Phänomen der „Lust am Untergang" deutlich nachweisen.

Schließlich natürlich der *direkte Selbstmord* statt des indirekten.

Auch hier liegt aber mit der Selbstvernichtung eine Protesthandlung vor, und der Schlag, der den Täter trifft, ist immer auch ein Schlag gegen andere, die unter der Tatsache, daß sich ein von ihnen geliebter Mensch das Leben genommen hat, oft ein Leben lang leiden müssen.

Ich möchte zurückkommen zur Phänomenologie der Neurose und möchte beschreiben, wie sich der spätere Lebensweg eines Menschen, der in der Kindheit neurotisiert worden ist, entwickeln kann und sich häufig auch tatsächlich entwickelt.

Es kommt dabei Schritt für Schritt zu einer Verengung der Lebensmöglichkeiten, zu einer Lebensverunstaltung, die auf dem Zusammenwirken der folgenden Faktoren beruht:
a) Minderwertigkeitsgefühl;
b) Entmutigung;
c) Ambivalenz: durch sie drohen die entscheidenden menschlichen Beziehungen, wie bereits gezeigt wurde, zu scheitern;
d) Rückzug von wichtigen Lebensgebieten, Passivität;
e) Wiederholung immer der gleichen Verhaltensmuster, wodurch immer wieder dieselben Mißerfolge auftreten. Wenn ein Kind gelernt hat, sich den Eltern gegenüber neurotisch zu verhalten, dann wird es an dieses Verhaltensmuster gebunden bleiben, woraus sich die Wiederholungstendenz ergibt. Diese Menschen sind sozusagen nicht imstande, „durch Schaden klug zu werden", sondern dazu verurteilt, sich ständig zu wiederholen; ein Erlebnis, welches unendlich qualvoll wirkt.
f) Selbstbestrafungstendenz.

Diese Bemerkungen müssen deswegen besonders unterstrichen werden, weil damit noch einmal klargestellt werden soll, wie entscheidend es ist, ob ein Kind neurotisiert wird oder ob ihm dieses Schicksal, welches dann seinen weiteren Lebensweg wesentlich negativ zu beeinflussen droht, erspart bleibt.

Zum Abschluß dieses Kapitels muß ich ausdrücklich darauf hinweisen, daß natürlich die in der Kindheit entstandene Neurose auch vom therapeutischen Standpunkt einen ganz anderen Aspekt aufwirft als die neurotische Reaktion des Erwachsenen. Jedermann wird es klar sein, daß es viel leichter sein muß, Verdrängungen des Erwachsenen, die ja erst kurz zurückliegen, durch Wiederbewußtmachung aufzuheben als Verdrängungen, die in die früheste Kindheit zurückführen. Dies weist einmal mehr auf die schicksalhafte *psychohygienische Bedeutung der ersten sechs Lebensjahre* hin: Es wird vor allem darum gehen, eine Neurotisierung in dieser Zeit zu verhindern, oder aber — wenn dies schon nicht gelungen ist — *we-*

nigstens frühzeitig die Tatsache zu entdecken, daß das Kind neurotisiert worden ist, denn selbstverständlich wird eine Therapie des neurotisierten Kindes viel leichter gelingen als später die des Erwachsenen.

Mit diesen beiden Punkten der Neurosenverhütung und der rechtzeitigen Entdeckung der Neurose wollen wir uns in den beiden nächsten Kapiteln beschäftigen.

III.

URSACHEN DER NEUROSE — ODER: WIE MAN EIN KIND LIEBEN SOLL, DAMIT ES NICHT NEUROTISIERT WIRD

Wenn wir als Thema haben: „Wie man ein Kind lieben soll", dann kann diese Frage wahrscheinlich kein Mensch erschöpfend beantworten; selbstverständlich auch ich nicht. Ich werde mich bemühen, auf die wichtigsten Dinge einzugehen; vieles wird jedoch unerwähnt der Phantasie des Lesers überlassen bleiben.

Mit jedem Jahr, das ich länger lebe, glaube ich, besser zu verstehen, was ein Kind braucht, und fühle, daß die Zukunft dieses Landes — denn Österreich ist ja keine Insel —, aber auch der ganzen Welt davon abhängig ist, ob wir endlich begreifen lernen, welcher Schatz ein Kind ist, und wie wir uns bemühen müssen, der Tatsache, daß uns durch die wunderbare Fügung Gottes oder der Schöpfung ein solcher Schatz anvertraut ist, gerecht zu werden.

Freilich, das lädt eine ungeheure Verantwortung auf unsere Schultern. Gleich muß da aber auch ein Trost dabei sein, nämlich der, daß kein Meister vom Himmel gefallen ist, auch nicht auf diesem Gebiet. Für alles mögliche braucht man eine Prüfung, für das Vater- und Muttersein nicht. Auf einmal steht man vor der Aufgabe und weiß nicht recht, wie man sich ihr gewachsen erweisen soll. Und selbst, so meine ich, wenn es eine Prüfung gäbe und man sie bestünde, wäre das noch keine Garantie, daß man ein guter Erzieher ist. Dann noch etwas: Die Eltern haben ja alle selbst vor vielen Jahren eine Erziehung „genossen". Aber oft ist das ja leider eine gewesen, die sie neurotisiert hat. Wie groß ist die Versuchung, das, was man als

Kind erlebt hat, aus Gewohnheit an die nächste Generation weiterzugeben, oder aber, da man jetzt der Große, der Mächtige, ist, sich an den Kindern dafür zu rächen, was man selbst als wehrloses Opfer erleiden mußte. Daraus resultiert dann jene verhängnisvolle Stafette, welche die Neurosen von Generation zu Generation überspringen läßt, worauf bereits im 2. Kapitel hingewiesen worden ist. Dazu stellt ALICE MILLER fest:

„Jeder, der einmal Mutter oder Vater war und nicht in einer perfekten Verleugnung lebt, weiß aus eigener Erfahrung, wie schwer es einem Menschen fallen kann, bestimmte Seiten seines Kindes zu tolerieren. Dies einzusehen ist besonders schmerzhaft, wenn wir das Kind lieben, es wirklich in seiner Eigenart achten möchten und es doch nicht können. Großzügigkeit und Toleranz lassen sich nicht mit Hilfe von intellektuellem Wissen erreichen. Falls wir keine Möglichkeit hatten, die uns in der eigenen Kindheit erwiesene Verachtung bewußt zu erleben und zu verarbeiten, geben wir sie weiter. Das bloß intellektuelle Wissen über Gesetze der kindlichen Entwicklung schützt uns nicht vor Ärger und Wut, wenn das Verhalten des Kindes unseren Vorstellungen oder Bedürfnissen nicht entspricht, geschweige denn, wenn es unsere Abwehrmechanismen bedroht."

Nun möchte ich in diesem Zusammenhang allen Eltern das folgende Gedicht wärmstens zur steten Beachtung ans Herz legen:

Habt ihr denn früher nie geschworen
(zu einem Zeitpunkt, da die Schwelle kam in Sicht):
Das mache ich mal nicht mit meinen Kindern;
wie DIE zu mir sind, so bin ich mal nicht?

Ich sag mal nicht:
nun laß mich doch in Ruhe,
du siehst doch, daß ich jetzt nicht kann —
ich bin beschäftigt, in Gedanken;
sieh dir doch deine Bilderbücher an

und auch nicht:
hör doch auf mit deinen Fragen!
Das ist noch nichts für dich, geht dich nichts an,
lern, setz dich auf den Hosenboden,
als ich so klein war, mußte man...

Auch das kommt über eure Lippen
und auch das Wort: Werd erst mal trocken hinterm Ohr.
Habt ihr denn die Erinnerung verloren,
habt ihr vergessen euren Kinderschwur?

Selbst wenn man diese Ermutigungen befolgt und aus den eigenen traurigen Erfahrungen den Schluß zieht: „Ich werde in der Erziehung meiner Kinder in allem und jedem das gerade Gegenteil machen wie meine Eltern", so bleibt man doch ein Gefangener seiner eigenen Vergangenheit, denn auch ein solches starres Prinzip, das einen von vornherein festlegt, ist oft genug eine schlechte Erziehungsmethode.

Aber zurück zum Trost: Wenn Sie dieses Kapitel mit ehrlichen Absichten lesen, wenn Sie zugeben, daß nicht nur Ihr Nachbar gemeint ist, sondern auch Sie selber, und wenn Sie daraus betroffen den Schluß ziehen: Um Gottes willen, das habe ich falsch gemacht, das habe ich auch versäumt, da habe ich mich verfehlt, geirrt — bitte, dann verzagen Sie nicht, denn was ich Ihnen sage, ist kein Vorwurf, ist keine Aggression, ist nur eine Bitte, ein Ausdruck dessen, was ich selbst in mühseligen Entdeckungen gelernt habe. Und wenn Sie jetzt mit mir lernen und in sich gehen, sich sagen: Von nun an möchte ich es anders machen, dann antworte ich Ihnen, daß der große österreichische Dichter FRANZ THEODOR CSOKOR, ein wunderbarer Mensch, betont hat: „Immer ist Anfang." Und dieser Satz gilt, mögen Sie auch noch so weit fortgeschritten in Ihrem Lebensalter sein. Immer können Sie noch beginnen; immer können Sie noch gutmachen; immer können Sie noch versuchen, sich zu verwirklichen, denn wer seinen Kindern Gutes tut, der verwirklicht ja damit sich selber auch.

In diesem Sinne möchte ich ein ermutigendes, hoffnungsvolles Kapitel schreiben, das Sie anregen soll, nachzudenken und vielleicht in sich zu gehen und es eben besser zu machen.

Wie soll man ein Kind lieben? Vorerst einmal *soll* man es lieben. Das ist nämlich keineswegs ausgemacht. Die Liebe ist eine große Gnade. Das Kind erwächst aus dem Ineinanderfließen zweier Menschen; in diesem sollte ja die Liebe enthalten sein, muß es aber nicht sein. Man kann ein Kind ohne jede Liebe zeugen (ein ganz merkwürdiger Tatbestand). Ich pflege zu sagen: Wenn es so eine Art Ferment gäbe, die Liebe als Ferment, ja, und nur dann ein Kind entstünde, wenn die zwei, die hier miteinander einen Koitus erleben oder „die einander erkennen", wie es im Alten Testament heißt, wenn die dabei dieses Ferment produzieren — ich vermute, daß es zu einer ungeheuren Reduktion der Population der ganzen Welt käme.

ANTON WILDGANS, ein grandioser Dichter, einer der größten, die Österreich je gehabt hat, ist heute teils vergessen, teils verkannt, teils geschmäht: er erlitt also ein typisch österreichisches Schicksal; ich werde dieses Kapitel mit einem Gedicht von ihm beschließen. Vor Jahrzehnten hat er geschrieben:

> „Die Liebe zwischen Eltern und Kindern ist ebenso selten wie die Liebe zwischen Mann und Weib. Die Gebärden dieser beiden Arten von Liebe sind zwar alltäglich, aber deswegen umso verdächtiger. Vielfach herrscht geradezu Feindschaft zwischen Mann und Weib und Eltern und Kindern, und nur der Illusionist wird das leugnen und aus der Wirklichkeit zu lügen versuchen. Der Idealist wird diesen Sachverhalt anerkennen; der Realist nach den Mitteln suchen, hier Besserung zu schaffen. Die beiden Phänomene hängen innig zusammen. Würden die meisten Ehen aus anderen Gründen geschlossen, als sie meist geschlossen werden, das heißt aus wirtschaftlichen Interessen, aus Bequemlichkeit, Feigheit, Phantasielosigkeit, Gedankenlosigkeit, Berechnung, nun — ginge diesem Bunde, der auch noch etwas anderes ist als die vom Staat gewünschte und begünstigte Grundlage einer Existenz, eine genaue gegenseitige Prüfung aufgrund beiderseitiger Mündigkeit voraus, dann werden die Eltern an ihren Kindern nicht jene Überraschungen erleben, die zu spät kommen und sie über die Unrichtigkeit ihrer gegenseitigen Wahl aufklären könnten."

Mit anderen Worten: Viele Menschen sagen (und viele Patienten kommen damit zu uns):

> Ich bin eigentlich ein „Unfall" meiner Eltern gewesen, die haben mich gar nicht gewollt, haben lange überlegt, ob sie mich nicht abtreiben sollen, und haben es dann doch nicht getan, und jetzt bin ich eben auf der Welt, und es ist wahnsinnig schwer.

Es ist wahnsinnig schwer, betonen diese Menschen, „zu leben in dem Bewußtsein, daß die Schöpfer einen eigentlich nicht gewollt haben". Um es anders auszudrücken: Es ist gar nicht so selbstverständlich, daß man das Kind, das man gezeugt hat, das man unter dem Herzen getragen hat, auch wirklich liebt. Natürlich ist es „bequem" und entspricht dem „Anstand", wenn wir uns das selber einreden, vormachen, vorlügen, aber es ist schlimm, wenn diese Einbildung nur durch Verdrängung der Wahrheit ins Unbewußte zustande kommt. Denn das Unbewußte ist von viel größerem Einfluß auf das Verhalten des Menschen als das Bewußte, und solche Eltern erleben oft schreckliche Überraschungen, wenn die verdrängte Ablehnung des Kindes plötzlich aus ihnen herausbricht und feindselige Handlungen gebiert.

Dieser Prozeß muß sich viel öfter abspielen, als wir ahnen, sonst würde ein so profunder Menschenkenner wie JEAN PAUL SARTRE nicht schreiben:

> „Das Unbehagen beginnt dann, wenn kaum geliebte Kinder, das heißt die Mehrzahl, verblüfft feststellen, daß sie ohne Grund existieren. Der Ursprung des Elends ist die Verlassenheit des Säuglings."

Nun könnte man heute mit Berechtigung sagen: Ungewollte Kinder müssen ja nicht mehr zur Welt kommen. Da besteht zuerst die Möglichkeit der „geplanten Elternschaft". Die Methoden der Verhütung der Schwangerschaft haben sich mit der Entdeckung der „Pille" um eine entscheidende und zuverlässige erweitert. Und da ist ferner die Liberalisierung der Schwangerschaftsunterbrechung, in Österreich unter dem Schlagwort „Fristenlösung" bekannt. Ich möchte in diesem Zusammenhang bekennen, daß ich kein Anhänger der Abtreibung bin; für mich ist die befruchtete Eizelle nicht ein „erbsengroßes Etwas", sondern bereits ein menschliches Lebewesen — alle wir Lebenden sind einmal aus einem solchen „Etwas" hervorgegangen. Außerdem ist der künstliche Abortus oft mit körperlichen und fast immer mit psychischen Folgeerscheinungen

(Depression, Schuldgefühle usw.) für die Frau verbunden. Ferner gefällt mir der bekannte Slogan „Mein Bauch gehört mir" ganz und gar nicht, denn er ist ein erstes Signal einer Haltung, die man als possessive Liebe bezeichnen könnte, also eines Besitzerstandpunktes und einer Verfügungsgewalt über das Kind, auf dessen negative Folgen ich später werde hinweisen müssen.

Andererseits ist die Fristenlösung ja kein Zwang, sondern sie bietet nur eine Möglichkeit, und jede Frau wird es mit ihrem Gewissen ausmachen müssen und dürfen, ob sie davon Gebrauch macht oder nicht. Auf keinen Fall aber möchte ich unsere Welt in den traurigen Zustand zurückfallen sehen, der in Österreich mit dem sogenannten „§ 144" verbunden war, welcher die Abtreibung unter schwere Strafe stellte. Ich habe noch die schlimmen Folgen dieses unmenschlichen Gesetzes erlebt, das besonders sozial Minderbemittelte in von ihnen als ausweglos erlebte Situationen brachte, während für die „Reichen" dies ein unbedeutendes Problem blieb, welches mit einer entsprechenden Summe leicht zu beheben war. Noch eine merkwürdige Beobachtung muß in diesem Zusammenhang vermerkt werden: Man möchte doch glauben, daß diejenigen, die aus weltanschaulichen Gründen am entschiedensten gegen die Abtreibung sind, am frohesten über die Entdeckung der Pille sein müßten, ist sie doch das probateste Mittel, um jene Notsituation, welche die Versuchung zur Interruptio erzeugt, zu verhindern. Das Gegenteil ist aber seltsamerweise der Fall: Aus dem Vatikan erhalten wir ständig neue Botschaften der Verurteilung dieser Empfängnisverhütungsmethode. Es darf allerdings in diesem Zusammenhang vermerkt werden, daß selbst die Bischöfe in fast allen Ländern hier Widerstand leisten, indem sie dieses Problem, wie sie betonen, der Gewissensentscheidung des einzelnen anvertrauen und überlassen.

Wie immer man es betrachten mag, möchte ich auf eine verhängnisvolle Grundhaltung hinweisen, die leider in Österreich besonders verbreitet ist. Ich nenne sie das „Groß-Klein-Denken". Wir Erwachsenen sind groß und mächtig, und daher dürfen wir — so glauben wir — mit dem kleinen Lebewesen nach unserem Gutdünken verfahren. Und noch etwas unterstellen wir: Da das Kind noch klein ist, ist es nicht nur wehrlos in unsere Hand gegeben, sondern es kann noch gar nicht bemerken, wie wir mit ihm umgehen, „es hat ja noch nicht genügend Verstand dazu". Das Gegenteil aber ist richtig: Gerade in dieser ersten Kindheit, wo der Verstand noch nicht entwickelt ist, hat das Kind, gleichsam als Schutzmechanismus, einen besonderen Instinkt, mit dem es genau fühlt, ob es geliebt wird oder nicht, ob die Atmosphäre günstig-freundlich oder ungünstig-feindlich ist. Man könnte somit auch sagen — und das wird viele Erwachsenen überraschen —: *das Kind ist das am schwersten zu täuschende Wesen; man kann ihm kaum etwas vormachen.* Das bedeutet also, daß wir Erwachsenen zuerst einmal verpflichtet sind, uns über die wirklichen Gefühle, die wir dem Kinde gegenüber haben, Rechenschaft zu geben. Vielleicht ist bei näherer Selbsterforschung in dieser Liebe eine gehörige Dosis von Selbsttäuschung oder aber auch eine gewaltige Portion Eigennutz enthalten (wie es Kafka formulierte), das heißt also, man hat das Kind gezeugt, mehr um sich selbst, als um ihm einen Gefallen zu erweisen. Viel öfter, als man glaubt, liegen ambivalente Empfindungen (teils ja, aber teils auch nein) vor.

Umso wichtiger ist es, die Gefühle, die man *wirklich* hat, sich selber einzugestehen, auch wenn dies sehr peinlich erscheint. Denn was man weiß, kann man verändern; Verdrängtes, Ungewußtes, entzieht sich diesem Prozeß; was man „vergessen" hat, bleibt unverrückbar fixiert.

Sehr oft hängen die zwiespältigen Gefühle dem Kind gegenüber ja mit Partnerproblemen zusammen. Ist doch das Kind, wo bisher zwei waren, sozusagen diese beiden zusammen, eigentlich der innigste Ausdruck dieser Vereinigung. Umsomehr müßte auf der bewußten Ebene unter Berücksichtigung (und nicht Verleugnung) der Schwierigkeiten der Versuch gemacht werden, zum Wohle aller Beteiligten zu einer Verständigung zu kommen. Gelingt dies nicht, bleibt man dem Kind nicht nur die richtige Liebe schuldig, sondern es wird dann gewöhnlich auch zum Schauplatz der elterlichen Kämpfe, und wir wissen, wie Schlachtfelder aussehen: zerstört und verwüstet.

Ich möchte nunmehr auf die bereits erwähnte possessive Liebe näher eingehen, weil sie eine ungeheure Gefahr darstellt. Das Kind ist kein Besitz: es gehört nur einem einzigen Menschen, nämlich sich selbst. Auf dem Lande fragt man ein Kind, dessen Namen man nicht kennt: „Wem gehörst denn du?" Und wie immer sagt der Volksmund auch da viel Wahres über unsere Gesinnung: Du gehörst mir oder uns, wir können über dein Leben, über dein Sein, deine Entwicklung bestimmen. Schon im Mutterleib fängt das an.

MORENO hat ja den Begriff des „psychologischen Babys" geprägt: Die Mutter sinnt und träumt, wie wird das Kind aussehen? In ihren Phantasien stattet sie das Kind aus mit einem bestimmten Geschlecht, mit einem bestimmten Aussehen, mit einer bestimmten Haarfarbe, mit allen möglichen anderen Attributen. Das heißt: Noch ist das Kind gar nicht auf der Welt, beginnt man schon, von ihm Besitz zu ergreifen, und gestaltet es in der Phantasie nach den eigenen Wünschen. „Gott schuf den Menschen nach seinem Ebenbilde", heißt es in der Heiligen Schrift. Wir alle, wie wir hier sind, sind aber keine Götter; uns steht es nicht zu, Ebenbilder von uns selber zu schaffen. Uns steht es nicht zu, die ganze Entwicklung des Kindes in der Phantasie vorwegzunehmen und damit einzuengen. Das ist eine ungeheure Gefahr, eine Methode, vom Kind Besitz zu ergreifen und damit dessen eigene Entwicklung zu behindern, ja zu zerstören.

Bekanntlich kann ja nun durch eine Fruchtwasserpunktion bereits während der Schwangerschaft festgestellt werden, welches Geschlecht das zu erwartende Kind hat. Ich habe mir sagen lassen, daß in Amerika viele Eltern dann, wenn dieses Geschlecht nicht ihren Wünschen entspricht, eine Abtreibung vornehmen lassen. Hier sehen wir die Katastrophe, die eintritt, wenn man sich gedanklich bereits auf ein bestimmtes So-

Sein des Kindes festgelegt hat. Man muß also schon während der Schwangerschaft sich allen Möglichkeiten öffnen — MORENO hat eine diesbezügliche Therapie entwickelt zu dem Zwecke, daß man dann bei der Geburt keine Enttäuschung erleidet, eine Enttäuschung, die sich sowohl für die Eltern als auch für das Kind verhängnisvoll auswirken kann.

JANOV, der die „Urschreitherapie" entwickelt hat, sagt, der Urschrei des Kindes sei ein Protest dagegen, daß die Eltern bestrebt sind, den Kern, den jedes Kind darstellt, von beiden Seiten in eine Schale zu pressen, die das Kind in die Enge treibt und es zwingt, sich nach den Gesetzen, nach den Wünschen der Eltern zu entwickeln. Für den einen ist das Kind die Fortsetzung der eigenen Existenz: Was man selbst nicht erreicht hat, das muß dem Kinde gelingen. Manche Frauen sagen: „Wenn ich kein Kind bekomme, habe ich nicht gelebt." Mich beunruhigt dieser Satz, denn das Kind ist kein „Sinnerfüller" der mütterlichen Existenz. Für den anderen ist es eine Möglichkeit, mit dem Partner einen erbitterten Kampf auf Leben und Tod um die Ziele der Entwicklung des Kindes auszutragen.

Für wieviel Eltern gilt der Satz, den mir einmal einer meiner Patienten gesagt hat: „Meine Eltern führen einen permanenten Atomkrieg." Für andere wieder ist das Kind ein Sündenbock; man hat endlich jemanden, der an allem schuld ist, und daher wird der Blitz dorthin abgeleitet: Eine treffliche Methode, sich selbst freizusprechen und einem anderen, hilflosen, wehrlosen, schwachen Lebewesen alle Schuld aufzulasten.

In dem Stück „John Gabriel Borkmann" von HENRIK IBSEN sagt die Mutter zu ihrem Sohn: „Vergißt du die Aufgabe, der du dein Leben geweiht hast, Erhard?"

Erhard (erregt): „Sag doch lieber: der *du* mein Leben geweiht hast! Du, du bist mein Wille gewesen! Selber habe ich nie einen haben dürfen! Aber ich kann dieses Joch jetzt nicht länger ertragen. Ich bin jung! Bedenke *das* doch, Mutter!... Ich stehe unter meinem eigenen Einfluß, Mutter! Und der Kraft meines eigenen Willens!"

Was hier einem jungen Menschen gelingt, kann natürlich dem Kinde noch nicht gelingen.

Bei dieser Gelegenheit möchte ich ein Bekenntnis zur Kostbarkeit jedes einzelnen menschlichen Lebens ablegen. Auf der einen Seite ist es nichts, wenn man die Milliarden Menschen bedenkt, die seit Jahrtausenden wie Blätter gewachsen, zu Boden gefallen, verfault, verschwunden und versunken sind. Aber andererseits wird das Leben doch ungeheuer bedeutungsvoll, wenn wir erkennen, daß wir nur einmal leben. Und wie schrecklich ist es, wenn man mit Karl Kraus entdecken muß: „Man lebt nicht einmal einmal", oder mit anderen Worten: wenn man dieses eine Leben, das man hat, nicht sinnvoll benützen kann. „Vor jedem steht ein Bild dessen, das er werden soll." Dies einigermaßen zu verwirklichen, ist doch das Wichtigste, was es überhaupt gibt. Und dazu bleibt uns nur eine ganz schmale Zeitspanne; wir wissen gar nicht, wie lange sie ist nach Wilhelm Busch:

> So ist es mit der Zeit allhie,
> erst trägt sie dich, dann trägst du sie.
> Und wann's zu Ende, weißt du nie.

Da kommen nun gerade die Menschen, die uns gezeugt haben, und hindern uns, unser Leben zu gestalten. Statt dessen zerstören sie es, zertrümmern es, weil sie egoistisch sind.

Der schon zitierte Kafka hat dementsprechend gemeint, es sei tragisch, daß dieselben Eltern, die zuerst alles getan haben, um das Kind aus der Erde herauszustampfen, später alles tun, um es wieder in die Erde zurückzustampfen — gleichsam eine Rücknahme des Schöpfungsaktes.

Die besondere Tragödie dabei ist, daß die Eltern dies gewöhnlich in „bestem Glauben" tun, nämlich immer deswegen, weil sie meinen, am besten zu wissen, was für das Kind das Beste sei. Aber leider, sie handeln in Wirklichkeit, um *sich* etwas Gutes zu tun; aber dies ist in den seltensten Fällen auch etwas wirklich Gutes für das Kind. Mit Recht hat Pascal einmal gesagt: „Der Weg zur Hölle ist mit guten Vorsätzen gepflastert" — in diesem Fall erweist sich wieder einmal die fürchterliche Richtigkeit dieses Ausspruches.

Wann, wenn nicht hier, sollte ich jene Sätze zitieren, die in den Herzen aller Väter und Mütter unvergänglich eingeprägt sein müßten:

> „Deine Kinder sind nicht deine Kinder. Sie sind die Söhne und Töchter der Sehnsucht des Lebens nach sich selbst. Sie kommen durch dich, aber nicht von dir, und obwohl sie bei dir sind, gehören sie dir nicht. Du kannst ihnen deine Liebe geben, aber nicht deine Gedanken, denn sie haben ihre eigenen Gedanken. Du kannst ihrem Körper ein Heim geben, aber nicht ihrer Seele, denn ihre Seele wohnt im Haus von morgen, das du nicht besuchen kannst, nicht einmal in deinen Träumen. Du kannst versuchen, ihnen gleich zu sein, aber sicher nicht, sie dir gleich zu machen. Denn das Leben geht nicht rückwärts und verweilt nicht beim Gestern. Du bist der Bogen, von dem deine Kinder als lebende Pfeile ausgeschickt werden. Laß deine Bogenrundung in der Hand des Schützen Freude bedeuten." (KAHLIL GIBRAN)

Damit komme ich wieder zu einem ganz wichtigen Punkt: Erziehung ist Leitung in die Freiheit des Menschen. Die hat zum Ziele, daß der Freiheitsraum eines Menschen immer größer wird, daß er sich nicht verengt, nicht zusammenschrumpft. In diesem Zusammenhang erscheint ja schon das Wort „erziehen" ganz verhängnisvoll, weil in ihm das „Ziehen" enthalten ist, und wer einen zieht, der behindert und vergewaltigt ihn.

Ich muß immer wieder betonen, daß die Entscheidung der „Erziehung" zwischen Einengung und Erweiterung stattfindet. RAINER MARIA RILKE sagt:

> Und dann, meine Seele, sei weit, sei weit, daß dir das Leben gelinge!

Also, das Leben soll gelingen, und dazu muß die Seele weit werden, muß sie sich weiten, muß sie sich öffnen, muß sie sich entfalten. Dazu muß dem Kind die Möglichkeit gegeben werden, den Lebensraum lustvoll zu durchdringen. Es gibt nichts Wunderbareres, nichts Freudigeres, nichts Schöneres als das kleine Kind vom ersten Tag an auf seiner unglaublichen Entdeckungsreise, die man mit Worten gar nicht beschreiben kann, auf der es in das Leben hineinkrabbelt und die Welt erforscht. „Wie schön ist alles erste Kennenlernen. Du lebst so lange nur, als du entdeckst", sagt MORGENSTERN. Lassen wir doch dem Kind diese göttliche Neugier. Schauen Sie, das Lassen ist so wichtig. Lassen — laß ein Kind laut sein, laß ein Kind sich freuen, laß ein Kind sich austoben. Laß ein Kind „ausgelassen" sein, indem du es ausläßt! Gib ihm die Chance, „sein Leben in wachsenden Ringen zu leben" (RILKE).

Wir aber haben einen ganz anderen Satz geprägt, der auch mit „lassen" zusammenhängt. Nämlich „Laß das, laß das!", und dieses „Laß das!" ist der einengende Satz schlechthin! Natürlich, es ist schon richtig: Wir müssen das Kind warnen vor vielen Gefahren, die auf es lauern, aber wir dürfen es deshalb nicht mit lauter Mauern und Zäunen umzingeln! Es ist ja ohnehin bei den jetzigen Wohnverhältnissen die diesbezügliche Möglichkeit des Kindes schon so verbarrikadiert! Wir wissen heute, daß die Neurotisierung zunimmt mit jedem Stockwerk, das ein Kind in einem Hochhaus weiter oben wohnt, weil es dann nicht mehr die Möglichkeit hat, sich „auszuleben" und mit anderen zu kommunizieren im Spiel, im Grünen. Überall Tafeln: „Das Betreten der Wiese ist nicht gestattet; Spielen und Lärmen verboten." Diese köstlichen Geschenke werden ihm ja Schritt für Schritt genommen, und wir sorgen dafür, daß es behindert, eingeengt wird. Fast möchte ich hier von einem Gefängnis sprechen, in das wir die Kinder hineinstecken. Mir fällt gerade in diesem Zusammenhang der Satz von FREDERICK MAYER ein: „Unsere ‚Erziehung' ist eine einzige ‚Einladung' zur Depression."

Ganz entscheidend bleibt auch, das Kind nicht zu verängstigen. Mit Recht sagen die Franzosen: „Liebe ist die Abwesenheit von Angst." Wer sein Kind verängstigt, zeigt somit, daß er es nicht wirklich liebt. Sätze wie zum Beispiel: „Wenn du nicht folgsam bist, geben wir dich weg", „Wenn du dich nicht meinem Willen fügst, bist du nicht mehr mein Kind", sind heller Wahnsinn, weil sie im kleinen Lebewesen ungeheure Angst erzeugen. Auch Erklärungen wie: „Du ärgerst mich so sehr, daß du mich krank machst", sind verhängnisvoll, weil sie starke Schuldgefühle beim Kind provozieren. Vor gar nicht langer Zeit hat mir eine Patientin erzählt, daß ihr Vater wiederholt zu ihr sagte: „Du mußt meine Gedanken übernehmen, mußt genauso denken wie ich; zu diesem Zwecke habe ich dich gezeugt. Wenn du es nicht tust, ist alles für mich sinnlos, und ich möchte mich dann am liebsten umbringen." Beim ersten Hören von solchen Verhaltensweisen möchte man ja am liebsten glauben, daß so etwas nicht möglich sein kann, und dennoch spielt es sich ungezählte Male in der ganzen Welt so ab.

Noch etwas ganz Wichtiges: Viele Eltern wollen nicht, daß sich das Kind von ihnen entfernt. Viele wollen es als einen Teil ihrer Existenz ein Leben lang behalten. Darum sage ich Ihnen: Nicht nur nach der Geburt muß die Nabelschnur durchtrennt werden, sondern es gibt auch eine psychologische Nabelschnur, und es ist sehr wichtig, daß wir auch sie durchschneiden und dem Kind in immer größer werdenden Kreisen die Möglichkeit geben, sein eigenes Leben zu gestalten.

FRANZ WERFEL hat einmal dieses wunderbare Gedicht geschrieben:

„Elternlied"

„Kinder laufen fort.
Lang her kann's noch gar nicht sein,
Kamen sie zur Tür herein,
Saßen zwistiglich vereint
Alle um den Tisch.

Kinder laufen fort.
Und es ist schon lange her.
Schlechtes Zeugnis kommt nicht mehr.
Stunden Ärgers, Stunden schwer:
Scharlach, Diphterie!

Kinder laufen fort.
Söhne hangen Weibern an.

> Töchter haben ihren Mann.
> Briefe kommen, dann und wann,
> Nur auf einen Sprung.
> Kinder laufen fort.
> Etwas nehmen sie doch mit.
> Wir sind ärmer, sie sind quitt,
> Und die Uhr geht Schritt für Schritt
> um den leeren Tisch."

Aber man denke zum Beispiel an eine Mutter, die mit ihrem Mann todunglücklich ist, und nun hat sie ein Kind, und sie ist auf einmal nicht mehr allein. Der Mann kommt, weiß Gott wann, spät nach Hause; der Mann kann sich entfernen, kann entfliehen. Das Kind aber ist auf die Mutter angewiesen und kann sich nicht helfen, denn es benötigt die Mutter, und die Mutter nützt diese Situation aus, stürzt und stützt sich auf das Kind, welches zu ihrem Mannersatz wird: „Du gehörst mir! Wenn schon der Mann in aller Ferne ist — du nicht!"

Das Beispiel zeigt, daß die meisten Neurotisierungen einem gestörten Gefühlsleben der Eltern entspringen und nur behoben werden können, wenn sich der Betreffende des diesbezüglichen Zusammenhanges bewußt wird. Denn ein Kind ist kein Partnerersatz, sondern ein Kind ist ein Partner schlechthin, ist ein eigenständiger, selbständiger Mensch, dem wir von Anfang an immer größere Räume der Freiheit zugestehen müssen; zuletzt auch die Freiheit, daß das Kind uns verläßt.

Und doch gehen viele Eltern an der Tatsache zugrunde, daß sie vom Kind „verlassen" werden, und hoffen, bewußt oder unbewußt, daß sie das Kind in irgendeiner Weise auf die Dauer an sich binden können.

Es gibt dazu ein fürchterliches Mittel, nämlich die sogenannte Verzärtelung des Kindes, indem man dem Kind alle Schwierigkeiten aus dem Wege räumt:

> Nein, das brauchst du nicht zu machen; das mache ich schon für dich; da sorge ich schon. Alles wird von mir (oder uns) durchgeführt. Du brauchst dich um nichts zu kümmern, gar nicht bemühen, gar nicht plagen. Die Welt wird einmal grausam genug sein; sei froh, wenn du dir das jetzt ersparen kannst.

Wie rührend schaut das aus — und wie niederträchtig ist es. Denn es ist eine so furchtbare Methode, oft bewußt, oft unbewußt angewendet, das Kind an sich zu binden.

Wir Psychotherapeuten haben ungezählte Male mit jungen Menschen zu tun, die vor folgender Katastrophe stehen: Sie wollen selbständig werden, träumen davon, endlich ein eigenständiges Leben zu führen; und gerade dann, wenn die Zeit gekommen ist, dies zu realisieren, entfalten sie eine grenzenlose Angst vor dem Selbständigwerden, weil sie ein Leben lang, durch viele Jahre, gegängelt worden sind, weil man ihnen alle Schwierigkeiten aus dem Weg geräumt hat. Jetzt sollen sie auf einmal zustande bringen und bewältigen, was sie nicht gelernt haben, und so kommen sie in eine der qualvollsten Situationen, die man sich vorstellen kann, nämlich, sich nach etwas zu sehnen und gleichzeitig vor dem, wonach man sich sehnt, eine panische Angst zu haben. „Um Gottes willen, nur nicht selbständig werden; ich habe ja nie gelernt, auf meinen eigenen Füßen zu stehen." Das ist ein furchtbares Fazit und ein jammervoller Zustand und gleichzeitig ein Triumph der Eltern, denn nun bringt das Kind die Kraft nicht auf, fortzugehen.

BÖRRIES FREIHERR VON MÜNCHHAUSEN hat einmal in einem seiner Gedichte zutiefst bedauert, daß die Kinder den „goldenen Ball", den sie von den Eltern erhalten haben, später ihnen nicht zurückgeben, sozusagen undankbar sind. Ich fürchte, die Wahrheit ist eine ganz andere: Man kann nur einen Ball zurückwerfen, den man auch einmal bekommen hat; und das ist in allzu vielen Fällen leider nicht geschehen.

Ich möchte im Zusammenhang mit der Verzärtelung gleich besonders davor warnen — ich denke damit dialektisch, also in Gegensätzen —, deswegen zu sagen: Aha, Verzärtelung ist falsch, daher muß ich möglichst „hart" zu meinem Kind sein.

Das Leben ist so grausam, sagen viele, es setzt ja den Menschen so ungeheuren Prüfungen aus, ja, da muß ich doch rechtzeitig darangehen, das Kind mit der Härte des Daseins zu konfrontieren. Auch hier wieder ein Vorwand für eine brutale Methode, denn das wichtigste ist nicht „Abhärtung" des Kindes, sondern das Selbständigwerden. Hinter dem Wunsch, eine Abhärtung durchzuführen, steht immer eine geheime Aggression gegen das Kind, auch wenn sie sich „menschenfreundlich" tarnt und unter dem Motiv gestartet wird, das Kind müsse rechtzeitig lernen, mit dem Leben fertigzuwerden.

Was das Kind braucht, um mit dem Leben fertigzuwerden, sind zwei Dinge: Vor allem einmal braucht es Wärme, die in einem Hause „zu Hause" sein sollte. Das Kind, wie wir heute wissen, kommt viel zu früh auf die Welt; es sollte noch ein paar Monate lang im Mutterleib bleiben dürfen. Nun wird es plötzlich mit einer Urgewalt aus dem Warmen hinausgeworfen und wird konfrontiert mit einer neuen Luft, mit einem neuen Licht, mit einer neuen Temperatur. Dies ist ein ungeheures Problem, und in dieser Situation braucht das Kind Wärme; es braucht Geborgenheit, es braucht Zärtlichkeit. Zärtlichkeit ist ganz besonders wichtig, die Tendenz, das Kind zu herzen, zu streicheln, zu liebkosen.

Wir haben unsere Haut aus zwei Gründen (und das bleibt übrigens bis zum Ende unseres Daseins so): Erstens, um uns abzugrenzen, daß wir wissen, dort bist du noch und dort hörst du auf, und zweitens, um die Berührung der Mitwelt zu empfinden, und zwar liebevoll. Es gibt eine Sorte von Eisbären, die sterben, wenn sie die Mutter nicht beleckt, und solch eine Art von Lebewesen sind wir im Grunde auch. Wir sterben vielleicht nicht, wenn wir keine Zärtlichkeit bekommen, aber wir verkümmern, wir verdorren. Unsere Haut rötet und entzündet sich, beginnt zu nässen: die Neurodermitis, eine ernste psychosomatische Erkrankung, tritt auf. Die Haut des Kindes schreit um Hilfe; sie sagt: Ihr seid nicht gut zu mir, nicht herzlich zu mir; mir fehlt die Wärme. Die Wärme ist das entscheidende Kriterium der familiären Atmosphäre.

In wieviel Familien herrscht eisige Kälte; oft wird sie auch als „Sachlichkeit" bezeichnet und getarnt. Viele Menschen haben zwar Gefühle, aber sie lernten seit ihrer Kindheit, daß man sie nicht zeigen dürfe, so daß sie sie auch ihren Kindern nicht übermitteln können. Wiederum ein tragischer neurotischer Stafettenlauf! Wärme erzeugt Vertrauen; wenn man liebkost wird, fühlt man sich geborgen, dann kann man vertrauen, und für die Entwicklung eines Menschen ist das Urvertrauen ganz entscheidend. Wenn es kein Urvertrauen im Leben des Kindes gibt, ist es irrsinnig schwer, später im Leben noch irgend jemandem zu glauben. Natürlich ist es möglich, Dinge, die in der Kindheit passieren, später zu korrigieren, aber von wieviel glücklichen Zufällen ist diese Korrektur abhängig! Außerdem: Es versteht sich von selbst, daß eine direkte Brücke vom Urvertrauen über das Selbstvertrauen zum Vertrauen gegenüber dem Mitmenschen führt. Im negativen Fall heißen diese Stationen Urmißtrauen, Minderwertigkeitsgefühl, Verlust des Glaubens an die Mitmenschen, an die Menschheit.

Das Wort „Selbstvertrauen" ist gefallen, ein ganz wesentlicher Begriff, denn ohne Selbstvertrauen kann ein Mensch wohl nur dahinvegetieren, kaum richtig leben. Nur wer den Eltern vertrauen kann, kann Selbstvertrauen entwickeln. Nur wer sich von den Eltern geliebt weiß, kann sich selbst bejahen. In diesem Zusammenhang möchte ich ein Goethe-Wort aus dem „Westöstlichen Diwan" leicht verändert zitieren: „Hätten sie sich weggewendet, augenblicks verlöre ich mich." (Siehe auch das 2. Kapitel.)

Sehr wichtig für die weitere Entwicklung des Selbstvertrauens ist auch die Ermutigung. Das Kind ist in seinen Anfängen klein und hilflos. Es dauert eine lange Zeit, bis es lernt, seine beiden Händchen zu koordinieren und etwas mit ihnen festzuhalten; viele Mißerfolge säumen diesen Weg. Da braucht das Kind die Geduld und das Verständnis der Großen, der Mächtigen, die alles können. Was vermag Ermutigung nicht alles zu bewirken: „Das nächste Mal wird es schon besser gehen" — und dann geht es auch besser. Und wie wichtig ist es dann auch, das Kind zu beloben, wenn es endlich ein Erfolgserlebnis erreicht hat. Aber leider: Viele Eltern bleiben bei Ermutigung und Anerkennung stumm und werden hingegen umso lauter, wenn sie ihren Unmut, ihre Herabsetzung und Geringachtung vermitteln wollen. Es ist kaum zu glauben, welche

Ausdrücke da oft verwendet werden! Zur Rede gestellt, rechtfertigen sie sich oft damit, daß man das Kind nicht hoffärtig und „eingebildet" machen dürfe! Welche Verkennung der für den Aufbau der menschlichen Seele so unbedingt notwendigen Bausteine!

Nun möchte ich etwas sagen, was mir für jede echte Kindesliebe wesentlich zu sein scheint: Die Beziehung der Eltern zum Kind muß vom ersten Tag an eine partnerschaftliche sein. Vielen Menschen in unserem Land erscheint dies als eine geradezu perverse Forderung: Wie, ich, der Mächtige, und das winzige Kind sollen gleichberechtigt sein? — daß ich nicht lache!

Wie aber sagt Anton Wildgans: „Wer bist du, daß du nicht das Knie zu beugen brauchtest vor dem neuen Menschen?" Die Mehrzahl jedoch antwortet: „Das Kind muß Respekt vor mir haben. Das ist das Gesetz. Aber doch nicht ich vor dem Kinde!" Dennoch ist es so: Je schwächer, je hilfloser, je ausgesetzter das Kind ist, je abhängiger es ist — und es gibt nichts Ausgesetzteres als ein Kind —, desto mehr braucht es den Respekt und die Ehrfurcht der Eltern. Wir müssen daher auch lernen — ich habe das in meinem Buch „Religionsverlust durch religiöse Erziehung" sehr intensiv besprochen —, das Vierte Gebot neu zu interpretieren: In unserer Fassung ist praktisch nur die Rede von den Rechten der Eltern und den Pflichten der Kinder.

Wir müssen umdenken und lernen, die Pflichten der Eltern und die Rechte der Kinder zu betonen. Man wirft mir immer vor, daß ich einseitig auf der Seite der Kinder stehe. Mein Eintreten für die Kinder ist aber gar keine Einseitigkeit und keine Parteilichkeit, sondern es resultiert aus den Erkenntnissen von Menschlichkeit und Wissenschaft.

Ich diene damit auch den Interessen der Eltern, denn die Eltern haben ja in Wirklichkeit nichts davon, wenn sie ihre Kinder schlecht behandeln. Sie machen dann die Kinder krank, und neurotisch erkrankte Kinder entwickeln Symptome, die unweigerlich auch den Eltern unendliche Schwierigkeiten bereiten. Wer also für die Rechte der Kinder eintritt, nicht neurotisiert zu werden, erweist letztlich auch den Eltern einen guten Dienst.

Wir Österreicher sind leider eine „Radfahrernation"; nirgends wird so viel nach oben gebuckelt und nach unten getreten. Wir haben eine Hackordnung entwickelt wie im Hühnerhof, und jeder weiß genau, wem gegenüber er sich etwas erlauben darf. Und leider: In dieser Hackordnung steht das Kind an unterster Stelle (das erinnert mich an den Ausspruch des unvergeßlichen Janusz Korczak: „Die Kinder sind das einzige Proletariat, das noch nicht erlöst wurde"). Sobald sich etwa einer einmischt, wenn jemand ein Kind brutal behandelt, dann kann er vernehmen: „Hearn S', erstens, des geht Ihna an Dreck an, und zweitens, bitte, nehman S' zur Kenntnis: Mit mein' Kind, da mach i no immer des, was i will."

Das ist ein schrecklicher Machtmißbrauch, den wir mit solchen und ähnlichen Worten für uns in Anspruch nehmen. Aber es sitzt in uns allen mit einer furchtbaren Dämonie drin, daß wir eben das Wehrlose mißbrauchen und glauben, mit ihm tun zu können, was uns paßt. Und eben die Leute, die diesen Machtmißbrauch betreiben, sind dann umso überraschter, wenn aus dem Kind nichts „Rechtes" wird! Darf man sich wirklich darüber wundern, wenn sich in diesen Kindern die Aggression zusammenballt und sie einen „schlechten Charakter" bekommen? Wir sagen ja auch ganz leichtfertig und leichtsinnig: „Na, is scho aner an aner Watschen je gstorb'n?" Selbstverständlich ist an einer Watschen noch kaum jemand gestorben, aber ich behaupte in äußerster Güte, aber auch Bestimmtheit, daß es die „g'sunde Watsch'n" einfach nicht gibt. Entweder gibt es eine gesunde Erziehung, und die ist ohne Gewaltanwendung (das österreichische Gesetz kennt noch die „elterliche Gewalt" — ein schon rein verbal fürchterlicher Ausdruck), oder es gibt „Watschen", und das ist keine gesunde Erziehung.

Bitte, verstehen Sie mich nicht falsch: Wir sind alle nur Menschen. Es war eine der mich bewegendsten Szenen, die ich in meinem Leben erlebt habe, als Professor CERMAK, der wunderbare Vorkämpfer der gewaltlosen Erziehung in Österreich, auf die Frage im Rundfunk: „Herr Professor, sagen Sie ehrlich, haben Sie nie in Ihrem Leben Ihren Kindern eine Ohrfeige gegeben?" erschüttert antwortete: „Herr Reporter, leider muß ich Ihnen bekennen, daß ich das zweimal in meinem Leben getan habe. Ich schäme mich, Ihnen das sagen zu müssen, aber die Wahrheit gebietet es, und ich kann mir und Ihnen nur einen Trost sagen: Ich habe es zutiefst bereut." Die Moral von dieser Geschichte: Wir sind alle nicht unfehlbar, und es ist gar kein Zweifel, daß uns das passieren kann, wenn es uns auch nicht passieren sollte. Aber es kommt sehr wohl darauf an, ob wir uns dann sagen: „Ich habe nur von meinem Recht Gebrauch gemacht." Das ist ein „Recht", an dem schon Generationen zugrunde gegangen sind und weitere zugrunde gehen können. Das Entscheidende ist also sicher: Jeder Mensch ist in Versuchung, und es mögen ihm „die Nerven durchgehen", und er kann sich am Kind versündigen (ich zögere nicht, diesen Ausdruck zu verwenden), aber es kommt dann darauf an, wie er es verarbeitet, wie er es erlebt.

Mein Vater, Mittelschullehrer, war einer der gütigsten Erzieher, aber wenn man ihm gegenüber in gewissen Situationen Widerspruch äußerte, wenn er zum Beispiel sagte: „Du hast mich angelogen", und ich antwortete: „Ich habe dich nicht angelogen", da konnte er über die vermeintliche Unaufrichtigkeit in eine große Erregung kommen, und ich erinnere mich dreier Szenen, wo es dann also schon so zugegangen ist, daß meine Mutter an mir eine Art Lebensrettung durchgeführt hat. Hier trafen zwei Auffassungen aufeinander, denn ich war ein Mensch, der nichts weniger erdulden konnte als Unrecht. Und wenn er mir sagte: „Du hast mich angelogen", und ich sicher war, daß ich das nicht getan hatte, war ich eher bereit „zu sterben", als nachzugeben, was wiederum meinen Vater zur Raserei brachte. Aber am nächsten Tag war mein Vater so vernichtet und so beschämt, daß ich am liebsten zu ihm gegangen wäre; und das habe ich auch einmal getan und habe meinem Vater gesagt: „Reg dich net auf, es ist ja eh nicht so schlimm. Du siehst, daß ich lebe, und ich bin dir weiter nicht böse."

Ich möchte nicht versäumen, die Gelegenheit zu benützen, um auf die Fehlbarkeit aller Menschen und natürlich auch der Eltern hinzuweisen. „Errare humanum est", irren ist menschlich, und wer möchte sich davon ausnehmen? Wir haben in diesem Zusammenhang eine doppelte Aufgabe: Erstens, den eigenen Fehler zuzugeben, und zweitens, daraus zu lernen (und dann kann es sehr fruchtbar werden). Nur gibt es aber sehr viele Eltern, die glauben, im Falle eines „Eingeständnisses" ihre Autorität zu verlieren (was übrigens nicht stimmt; gemäß dem wunderbaren Ausspruche des ehemaligen Berliner Bürgermeisters ALBERTZ: „Wer je seinen Vater weinend ein Versagen eingestehen sah, der wird ihn ein Leben lang nicht verlassen").

Es ist nun notwendig, einen Begriff zu diskutieren, der in der Erziehungsproblematik eine große Rolle spielt und spielen muß und dennoch vielen Mißinterpretationen ausgesetzt ist: die Autorität.

Es kann kein Zweifel darüber bestehen, daß die Eltern in diesem Prozeß für die Kinder zu Autoritäten werden. Würde man also unter antiautoritärer Erziehung eine Erziehung ohne Autoritäten verstehen, wäre dies schier ein Unsinn, denn kein Mensch kann sich gesund entwickeln, wenn er nicht von Anbeginn an Menschen hat, die ihn lieben, die er lieben kann, mit denen er sich identifiziert, die für ihn maßgebend, also Autorität sind.

In einem anderen Sinne gewinnt aber das Wort von der antiautoritären Erziehung eine gewisse Berechtigung: Denn so, wie Autorität für das Kind notwendig ist, müssen wir zwischen echter und angemaßter Autorität unterscheiden. Und die angemaßte Autorität zu bekämpfen, ist wahrlich eine Aufgabe, zu der wir berechtigt, ja mehr noch, eigentlich verpflichtet sind.

Das Wort „auctoritas" leitet sich vom lateinischen „augeo"

(ist gleich: wachsen lassen, vermehren, fördern, beglücken) her, und „auctoritas" heißt: maßgebende Persönlichkeit, maßgebender Einfluß, Sicherheit, Glaubwürdigkeit! Damit sind schon die Kriterien der echten Autorität umschrieben: Sie wirbt um die Liebe und das Verständnis des Kindes, anstatt sie vorauszusetzen und zu fordern, kommt dem Kind entgegen, bemüht sich, Vorbild zu sein, ist nicht arrogant und versucht, notwendige Maßnahmen so gut wie möglich zu erklären. Angemaßte Autorität hingegen beruht darauf, daß man meint: Die Unterordnung der anderen steht mir zu; ich brauche mich daher um Verständnis und Einsicht der „Untertanen" nicht zu bemühen, die meinen Befehlen bedingungslos zu gehorchen haben.

Die Auswirkungen dieser angemaßten Autorität sind in der Eltern-Kind-Beziehung ganz besonders schlimm. Wenn nämlich ein Erwachsener einen unausstehlichen Vorgesetzten hat, bestehen für ihn meistens noch verschiedene Möglichkeiten, die Situation zu verbessern oder ihr zu entrinnen. Aber die Eltern kann man sich nicht aussuchen, und so, wie es eine Gnade ist, in eine Familie hineingeboren zu werden, in der man wachsen kann, so ist es ein Verhängnis, mit Eltern konfrontiert zu sein, die einen mit ihrem Herrschaftsanspruch erdrücken.

Die Dominanz der angemaßten Autorität äußert sich in Worten wie „Der hier zu befehlen hat, das bin ich", „Du hast zu parieren", „Du hast den Mund zu halten", „Kinder dürfen nur reden, wenn sie gefragt sind", „Frag nicht; für eine Erklärung bist du noch zu dumm", „Schon mein Wunsch muß dir Befehl sein", „Was auf den Tisch kommt, wird gegessen" und vielen anderen, schrecklichen Phrasen mehr.

In BERT BRECHTS Gedicht „Was ein Kind gesagt bekommt" wird dies höchst anschaulich dargestellt:

„Der liebe Gott sieht alles.
Man spart für den Fall des Falles.
Die werden nichts, die nichts taugen.
Schmökern ist schlecht für die Augen.

Kohlentragen stärkt die Glieder.
Die schöne Kinderzeit, die kommt nie wieder.
Man lacht nicht über ein Gebrechen.
Du sollst Erwachsenen nicht widersprechen.
Man greift nicht zuerst in die Schüssel bei Tisch.
Sonntagsspaziergang macht frisch.
Zum Alter ist man ehrerbötig.
Süßigkeiten sind für den Körper nicht nötig.
Kartoffeln sind gesund.
Ein Kind hält den Mund."

Den letzten Satz dieses Gedichtes möchte ich benützen, um auf die ungeheure Bedeutung des sprachlichen Kontaktes zwischen Eltern und Kindern hinzuweisen. Die sprachliche Zuwendung zum kleinen Erdenbürger ist genauso wichtig wie seine Ernährung. Meiner Meinung nach sollte die Mutter schon mit dem Kind im Mutterleib sprechen und später erst recht. Alles, was man tut, sollte erklärt werden, natürlich auch das, was man verbietet, auch dann, wenn es das Kind scheinbar noch gar nicht begreifen kann. Die sprachliche Zuwendung ist ein entscheidender Beweis dafür, daß man das Kind bereits als Partner anerkennt und ehrt.

Und genauso wichtig ist natürlich, daß man auf die sprachlichen Äußerungen des Kindes wirklich eingeht, und sein Schreien ist eben eine erste Art von Sprechen. Wir leben heute in einer Welt, in der Hilfeschreie aller Art nicht gehört werden — „Wenn einer laut um Hilfe schreit, außer sich, ist er zu leise für mich", sagt GEORG KREISLER —, und das hat wohl vor allem seinen Grund darin, daß man gelernt hat, schon das Schreien des Kindes zu ignorieren. Was dabei herauskommt, hat PETER TURRINI in einem erschütternden Gedicht zum Ausdruck gebracht:

„Es hat ganz einfach angefangen.
Irgendwo bin ich in einem dunklen Zimmer gelegen.
Ich habe geschrien in der Hoffnung,
daß jemand kommt.
Es ging ganz einfach weiter.
Irgendwann hörte ich auf, zu schreien.

Ich habe so getan, als würde es mir gar nichts ausmachen,
daß niemand kommt.
Es geht ganz einfach weiter.
Irgendwie habe ich mir angewöhnt,
auf alle Beleidigungen und Verletzungen so zu reagieren,
als ob.
Als ob mich das alles nicht betreffen würde.
Es geht ganz einfach nicht mehr weiter."

Man darf nicht vergessen, daß das Kind schon frühzeitig mit seinem Schreien verschiedene Gefühle ausdrückt, und daher haben die Eltern in dieser Zeit nicht nur die Pflicht, die kindlichen Laute zu hören und zu beantworten; sie müssen auch bemüht sein, ihren Inhalt zu definieren.

Es sind im wesentlichen drei Gefühle, die das Kind hier beherrschen und die es nun lernt, differenziert darzustellen: erstens die Angst, zweitens die Wut und drittens, ja, zum ersten Mal, so etwas wie Liebe. Um ins Detail zu gehen: Bei Angst werden die Lippen gespitzt, es wird ein schrilles Schreien produziert, schließlich kann es auch zum Anhalten des Atems kommen; bei Wut herrscht ein kreischendes Schreien, welches die Verkrampfung ausdrückt. Auch hier kann es zum Sistieren des Atems kommen, sogar so lange, bis das Gesicht des Kindes sich bläulich verfärbt (an dieser Stelle muß einmal mehr daran erinnert werden, daß jeder neurotische Protest — und das Anhalten des Atems aus Angst oder Wut ist ein solcher — keineswegs nur für die Umgebung, sondern — was immer wieder übersehen wird — noch viel mehr für den Protestierenden selbst bedrohlich erscheint, oft bis hin zur Lebensgefahr).

Aber nun natürlich auch noch zur Liebe: das Kind drückt sie aus mit weichen Tönen, mit Gurren und gurgelnden Lauten. In einer ganz wunderbaren Weise — es ist ja alles so herrlich im Menschen angelegt — sind diese Gefühle nun nicht nur mit stimmlichen Ausdrücken, sondern auch mit einer bestimmten Motorik gekoppelt. Also, bei der Angst kommt es zu einem Schrumpfen des Körpers und dem Versuch, die Körperfläche zu verringern — so, wie die Tiere sich bei Gefahr oft bis hin zum Totstellreflex zusammenziehen, weil sie dann, wenn sie kleiner werden, die Angriffsfläche, an der sie der Feind treffen kann, reduzieren. In der Wut erfolgt eine Verkrampfung der Muskulatur; in der Liebe, und das kann man Menschen nicht oft genug ans Herz legen, kommt es zu ausgreifenden Armbewegungen, zu einem Sich-Weiten und Sich-Öffnen. Hier zeigen sich wohl die Vorstufen eines Verhaltens, das wir als Erwachsene so gut beherrschen, nämlich Versuche der Umarmung. Immer wieder muß betont werden: Liebe ist die Voraussetzung für das Wachstum des Kindes, des Menschen.

Wenn wir die in der Stimme liegenden Emotionen nicht zur Kenntnis nehmen, wenn wir darauf nicht reagieren, wenn wir sie unterdrücken, dann behindern wir die Stimmentwicklung. Und mehr noch: wir behindern auch die Energien, die in diesem Emotionsausdruck enthalten sind, denn jeder Emotionsausdruck enthält ja eine starke Dynamik. Die Stimme ist einem Fluß vergleichbar: auch sie hat viele Quellen, die sich zu einem Strom vereinen. Es fällt einem unweigerlich GOETHES Formulierung ein: „Bruder, nimm die Brüder mit." Und bei diesen Brüdern handelt es sich zweifelsfrei um die Gefühle, welche die sprachlichen Äußerungen beleben, „bestimmen", ausfüllen und dynamisieren. Sind die Gefühle ungehemmt, so formen sie die „Stimmstütze", wird daraus eine tönende Flut mit Resonanz, entsteht die kostbarste Melodie, die der Mensch sein eigen nennt: die Sprachmelodie. Auch ein wunderbares Wort: Deine Stimme klingt gut!

Sind die Gefühle behindert, so erzeugen wir eine eingeengte, dünne, eine mühsam sich dahinquälende, eine gepreßte, farblose Stimme. Man könnte es auch so formulieren: Stimmdynamik ist Spiegelbild der Psychodynamik. Höre die Stimme eines Menschen an, dann kannst du einiges über sein Seelenleben wissen! So wie die Sprache eine intellektuelle Leistung ist, so wird die Stimme wesentlich von der Emotionalität geprägt und gespeist. Die ideale Lösung für eine gesunde Sprache wäre also eine gute Verbindung von Intellektualität und Gefühl. Die Tragik unserer Zeit ist aber die gefühlsmäßige Unterernährung, wodurch bei vielen Menschen ihre sprachlichen Äußerungen der gefühlsmäßigen „Durchblutung", des stimmlichen Nährbodens, entbehren.

Gerade in jener Periode, in der die Stimme allmählich zur Sprache fortschreitet, wird die besondere Bedeutung der sprachlichen und musikalischen Ernährung durch die Eltern klar.

Noch einmal muß an dieser Stelle darauf hingewiesen werden, daß wir in der gegenwärtigen Situation die Kinder, was seelische Dinge betrifft, unterernähren. Zu dieser so wichtigen „Ernährung" gehört insbesondere auch die Musik. Es ist die Zeit des Wiegenliedes, die Zeit der unendlich zärtlichen sprachlichen und musikalischen Zuwendung des Vorlesens.

Hier hätte das Vorbild, das Beispiel, die Stimulation, die Ermutigung, eine ganz entscheidende Bedeutung. Und ich möchte es besonders betonen: das Kind hat ein primäres Recht auf Musik. In unserer Welt, wo so viel die Rede ist von allerlei Rechten — ich möchte darüber gar nicht diskutieren —, vergessen wir immer auf die allerwichtigsten Rechte und vergessen auf die, die sich nicht melden können, die nicht verzweifelt sein dürfen, die nicht sagen können, was ihnen fehlt, weil sie ja noch gar nichts richtig artikulieren können, die sprachlosen Kinder.

Um diese Zeit, also gerade vor der Formulierung der Sprache, entwickelt sich eine Art von Denken im Kind — das eigentliche Denken beginnt erst mit der Sprache —, nämlich ein „Denken" in Bildern, Farben und Klängen, welches verständlicherweise enorm gefühlsbetont ist.

Die Förderung dieses prälogischen „Denkens" — man könnte es auch in die wunderbaren Worte FONTANES zusammenfassen: „O lerne denken mit dem Herzen" — ist meiner Überzeugung nach eine der wichtigsten Voraussetzungen für die glückliche Entfaltung der Persönlichkeit. Einerseits nämlich ist es der Nährboden jeglicher Phantasie und somit Kreativität, andererseits entscheidet es ganz wesentlich über unsere spätere „Weltanschauung". Lediglich auf den ersten Blick nämlich ist unser späteres logisches Denken nur von logischen Gedanken beherrscht und somit wertfrei. Wir brauchen nur an unsere Art, die Welt anzusehen, ein wenig kritischer heranzugehen, um zu erkennen, wie sehr sie in Wirklichkeit von früher geformten, unbewußten gefühlsmäßigen Einstellungen bestimmt wird, wenn wir uns auch noch so sehr einzureden versuchen, daß wir damit nur verstandesmäßigen Einstellungen folgen. In diesem Sinne gilt auch der zweite Satz FONTANES: „O lerne fühlen mit dem Geist", und lerne, deine „Rationalisierungen" zu durchschauen. EINSTEIN, einmal befragt, warum er die eine Formel durch eine zweite ersetzt habe, antwortete spontan: „Weil sie mir besser gefällt."

Es ist also wichtig, daß wir in dieser Phase des prälogischen Denkens ermutigt werden, daß man uns „zu Träumen gehen läßt", unsere Spontaneität nicht behindert, und natürlich auch, daß wir gerade in dieser Periode von positiven Gefühlen geleitet sind.

Schon auf eine spätere Zeit bezieht sich eine Geschichte aus meiner eigenen Kindheit, die zeigen soll, wie wesentlich die Ermutigung durch die Eltern für die Entfaltung der Kreativität ist.

Frühzeitig begann ich, auf einen Tisch zu steigen und Reden, natürlich völlig sinnloser Art, zu halten. Da sagte die Mutter zu mir: „Kind, das kann doch niemand aushalten; höre doch auf." Ich antwortete: „Mutti, ich muß!" Da überwand sich die Mutter und entschied: „Wenn du mußt, dann rede halt weiter." Ich bin davon überzeugt, daß dies für mich eine entscheidende Weichenstellung war und ich heute nicht so gut reden könnte, wenn die Mutter sich damals anders verhalten hätte.

Ich möchte aber noch einmal auf das schreckliche Problem der Gewaltanwendung gegen Kinder zurückkommen und Ihnen dieses wunderbare Lied von BETTINA WEGNER liebevollst ins Herz — ich möchte sagen — hineintropfen, sozusagen als Infusion:

Sind so kleine Hände, winz'ge Finger dran,
darf man nicht drauf schlagen, sie zerbrechen dran.
Sind so kleine Füße mit so kleinen Zeh'n,
darf man nicht drauf treten, könnten sonst nicht geh'n.
Sind so kleine Ohren, scharf unter der Haub',
darf man nie zerbrüllen, werden davon taub.
Sind so schöne Münder, sprechen alles aus,
darf man nie verbieten, kommt sonst nichts mehr raus.
Sind so kleine Augen, die noch alles seh'n,
darf man nie verbinden, können sonst nichts versteh'n.
Sind so kleine Seelen, offen und ganz frei,
darf man niemals quälen, geh'n kaputt dabei.
Ist so'n kleines Rückgrat, sieht man fast noch nicht,
darf man niemals beugen, weil es sonst zerbricht.
Grade, klare Menschen wär'n ein schönes Ziel;
Leute ohne Rückgrat haben wir schon zuviel.

Nun noch etwas von THOMAS BERNHARD: Man kann mitunter ein Kind mit bestimmten Worten noch mehr zerstören als mit Schlägen. THOMAS BERNHARD schreibt:

„Das Wort war hundertmal mächtiger als der Stock. Mit teuflischen Worten erreichte sie ihr Ziel, das sie im Sinne hatte. Andererseits stürzte sie mich in die fürchterlichsten Abgründe, aus welchen ich dann zeitlebens nicht mehr herausgekommen bin: ‚Du hast mir noch gefehlt, du bist mein Tod.' In den Träumen werde ich heute noch davon gepeinigt. Sie wußte nichts von dieser verheerenden Wirkung."

Überhaupt müssen die Eltern daran erinnert werden, wie wichtig Worte sind und daß es zu Recht im Alten Testament heißt: „Leben und Tod stehen in der Zunge Gewalt." Mit Worten kann man einen Menschen aufbauen, aber auch anhaltend schädigen. Ich habe einmal ein sechzehnjähriges Mädchen behandelt, welches schon drei Selbstmordversuche durchgeführt hatte. In einer der ersten Sitzungen gestand sie mir, daß die Mutter sehr oft zu ihr sagte: „Am besten wäre es, es gäbe dich nicht." Ein Gespräch mit dem Vater bestätigte diese Ungeheuerlichkeit, fügte aber entschuldigend hinzu, seine Frau sei eben oft sehr unbeherrscht und nervös; sie meine es nicht so böse, wie es klingt, und man dürfe sie daher halt nicht ernst nehmen.

Einem Kinde kann aber nicht zugemutet werden, diese Entschuldigung, die eigentlich keine ist, zu verstehen. Wohl sagte Hugo von Hofmannsthal in der „Frau ohne Schatten": „Deine Worte sind gesegnet mit dem Segen der Widerruflichkeit"; in einem Kinde haften sie dennoch oft als schauerliche Erinnerung für ein ganzes Leben.

Ich kann diesen Punkt nicht abschließen, ohne ganz allgemein zum Begriff der Strafe Stellung zu nehmen.

Ich halte es für eine Katastrophe, mit Strafen zu erziehen. Der große katholische Theologe und Philosoph Romano Guardini hat gesagt:

> Wer den Menschen bessern will, der muß ihn zuerst respektieren.

Beinhaltet die Strafe die Achtung des Menschen?

Ob man nun hundertmal etwas abschreiben muß, ob man sich hinknien muß, ob einem das Fernsehen verboten wird, und was immer Sie ersinnen wollen — ich sage Ihnen, das sind im Grunde alles sadistische Spiele auf Kosten der Seele eines anderen Menschen. Wer Strafen verhängt, der sollte sich fragen, ob er nicht unbewußt sadistische Tendenzen befriedigt, und sollte bedenken, daß der, welcher solche Wünsche hat, immer einen Vorwand finden wird, sie zu realisieren. Auch der in diesem Zusammenhang oft strapazierte Satz „Wer nicht hören will, muß fühlen" ist im Grunde sadistisch-faschistisch.

Apropos „hören": Pädagogik im besten Sinne ist Bemühung um den Aufbau des Menschen, und der Aufbau kommt dadurch zustande, daß man um die Einsicht des Menschen im Gespräch geduldig ringt. Die Strafe ist immer der bequemere, der einfache Weg, der leichtere Weg, aber ein Weg, der eigentlich zwischenmenschliche Beziehung sehr gefährdet und oft sogar für alle Zeiten zerstört.

Ich möchte in diesem Zusammenhang an zwei Geschichten erinnern. Die eine betrifft ein Erlebnis unseres unvergeßlichen

Friedrich Heer, einem der größten Österreicher unseres Jahrhunderts. Er betitelt es „Ein Spaziergang":

„Das Kind erinnert sich bis heute an diesen einen Spaziergang. Es zog aus, um einem Onkel und einer Tante eine Freude zu machen. Dieser ‚Onkel' und diese ‚Tante' waren, wie so oft auch heute noch in Kinderkreisen, keine ‚richtigen' Onkel und Tanten, sondern eben Freunde der Familie. Onkel und Tante hatten ihr Sommerfrischendomizil in einer hochragenden Villa jenseits des Flusses. Da war nur die Eisenbahn zu überqueren.

Onkel und Tante hatten den Knaben herzlich begrüßt und herzlich verabschiedet: er möge bald heimkehren, so allein, die Mutter würde vielleicht Angst haben. Angst um das Kind. Das Kind läuft daher, so rasch es kann, nach Hause. Es erwartet, lieb aufgenommen zu werden. Die Mutter aber stürzt sich auf das Kind. Ihre große Angst — was ist ihm geschehen? — entlädt sich in Schlägen. Die Frau besitzt nur dieses eine Kind. Ihre Liebe, ihre Angst um das Kind ist grenzenlos... Es sind unsichere Zeiten. Werden nicht, wie die Bauern berichten und Zeitungen vermelden, Kinder gestohlen? Von Zigeunern, von fahrendem Volk, von lichtscheuem Gesindel? Mord und Totschlag sind an der Tagesordnung. Verwilderte Soldaten streunen umher. Offenes, ungeschütztes Land, 1921.

Nach den Schlägen, nach dem Hagel der Vorwürfe sitzt das Kind auf dem Balkon in der heißen Sonne. Eine Welt ist zusammengebrochen: der Glaube an die Gerechtigkeit. Es stimmt alles nicht in der Welt. Nichts stimmt.

Das Kind sieht dumpf den Staub an. Hitze brütet über dem Balkon, legt sich schwer auf das Kind. Das Kind sieht den Tod. Alles ist aus. Es gibt nichts, was stimmt. Alles ist böse. Die Mutter ist böse. Es gibt keinen Gott. Keinen gerechten Gott.

Das Kind sieht direkt in die Sonne, bis es voll von Schmerz, auch physischem Schmerz, die Augen abwenden muß. Das Kind sieht in die Rillen, in den Staub, kratzt mit dem Zeigefinger an den harten Brettern.

In allem ist der Tod. Die Vernichtung. Gelähmt starrt das Kind vor sich hin.

Ich glaube auch heute noch, daß dieses Erlebnis der stärkste Eindruck meines Lebens ist. Das Kind vermag nicht mehr zu glauben. Es hat Angst. Angst, Angst, Angst. Es betet viele ‚Vaterunser'. Übermüdet schläft es dann irgendwie ein."

Die zweite Geschichte bezieht sich auf einen Brief, den ich vor einiger Zeit erhielt. Darin setzte sich eine Mutter mit der Problematik von Verantwortung und Gewaltanwendung auseinander. Weil ihr kleines Kind sich trotz wiederholter Verbote immer wieder dem Schwimmbassin näherte, fühlte sie sich gezwungen, ja, verpflichtet, im Sinne ihrer elterlichen Verantwortung dem Kinde es durch Schläge beizubringen, daß man das nicht tun dürfe. Die Moral von der Geschichte: Die Verantwortlichkeit der Elternschaft erzwinge manchmal geradezu Gewaltanwendung, um das Kind vor unsäglicher Gefahr zu beschützen.

Teile aus meiner Antwort möchte ich nun zitieren:

„Was das Verhältnis von Macht und Verantwortung betrifft, finde ich es zwar sehr großartig von den heutigen jungen Leuten, Verantwortung zu übernehmen, aber Macht zurückzuweisen, jedoch weiß ich selber nicht, wie man das bewerkstelligen könnte, denn es handelt sich dabei in etwa um ein Problem vom Ausmaß der Quadratur des Kreises.

Nur eines weiß ich sicher: So, wie Sie es mit Ihrem fünfjährigen Kind gemacht haben, so darf man es meiner Überzeugung nach eben nicht tun, denn ich halte es für einen der gröbsten Fehler, den man überhaupt begehen kann, ein Kind zu schlagen; auch dann, wenn man es damit vor der Gefahr des Ertrinkens zu retten glaubt. Da muß es ganz einfach, trotz allen kindlichen Unverstandes, andere Möglichkeiten geben.

Liebe, dies soll kein persönlicher Vorwurf gegen Sie sein. Ich versuche ja, Sie zu verstehen, und ich weiß, daß Sie es gut gemeint haben. Aber wenn es eben so nicht geht oder nicht zu gehen scheint, so muß es einfach andere Wege geben. Man müßte ein Kind durch gutes Zusprechen solange beeinflussen können, bis es die Notwendigkeit eines Verbotes einsieht. Sie schreiben: ‚Das Verbot allein reicht offenbar nicht aus‘, und setzen in Gedanken fort: ‚daher mußten es Schläge tun.‘ Für mich aber muß die Fortsetzung dieses Satzes anders lauten: ‚Daher muß ich mich mit einem Kind, auch wenn es noch so klein ist, so lange bemühen und beschäftigen, bis die Einsicht doch eintritt.‘"

Die einzige Methode ist also das beharrliche, immer wiederholte Gespräch mit dem uns anvertrauten Kind. Ich liebe dieses Wort „anvertraut"; es fällt mir dazu wiederum ein wunderbarer Satz ein, den Hugo von Hofmannsthal seinen Färber Barak in der „Frau ohne Schatten" sprechen läßt: „Mir anvertraut, daß ich sie hege, daß ich sie trage auf diesen meinen Händen, und ihrer achte und ihrer schone um ihres jungen Herzens willen..."

Das ist eine so schicksalhafte Sache, der Dialog zwischen den Eltern und dem Kind, später auch der Dialog zwischen dem Lehrer und den Schülern. Es hat jetzt eine Umfrage bei den österreichischen Schulen stattgefunden: Was wünschen sich die Schüler, was die Lehrer am meisten? Sehr interessant: Die Lehrer wünschen sich am meisten Gespräche mit den Schülern, die Schüler am meisten Gespräche mit den Lehrern. Sie wollen also alle das gleiche, nur kommt es so schwer zustande. Bei unserem Schulsystem gibt es keinen Dialog, sondern nur: Das lernst du, und darüber wirst du geprüft, und dafür kriegst du eine gute oder schlechte Note. Das ist die Vernichtung der Kommunikation, und darum verlassen die Schüler, wie Ingmar Bergmann gesagt hat, als „Analphabeten des Gefühls" unsere Schulen.

Die Menschenbildung findet in den Schulen ja kaum statt. Sehr viele Lehrer sind darüber verzweifelt und bemühen sich sehr, diesen Zustand zu ändern, können sich aber (noch) nicht durchsetzen. Ich möchte sie ermutigen, nicht aufzugeben. Letztlich hat sich noch immer das durchgesetzt, was von unten nach oben mit großer Beharrlichkeit aufgebaut wurde.

Und wie schaut es diesbezüglich im Elternhaus aus? Dies bringt mich zu meinem nächsten Punkt: Mit eine der wichtigsten, der kostbarsten Aufgaben, die Eltern zu übernehmen haben, ist *die Wertvermittlung*. Was brauchen wir, um sie zu erfüllen? Erstens müssen wir selber Werte haben. Man muß selber Werte haben, muß von ihnen begeistert sein, muß sie dem Kind vortragen, wozu man Zeit und Kraft braucht, denn das kostet außer Frage viel Anstrengung.

Ich erinnere mich zum Beispiel an meinen Vater, der ist heimgekommen aus der Schule und hat nicht gesagt: „Du, jetzt bin ich müde; laß mich in Ruhe!" Er hat sich vielmehr hingesetzt und mir zwei, drei Stunden erzählt, was er mit seinen Schülern erlebte. Ich habe oft wirklich geglaubt, daß mein Vater nur deswegen in die Schule geht, daß er mir das am Abend erzählen kann. Heute ist es ganz anders: Die Kinder können zwar den Beruf der Eltern angeben, wenn man sie aber fragt: Was tut der Vater da eigentlich?, dann herrscht Ahnungslosigkeit.

Der Reihe nach also: Erstens haben die Eltern im Verlaufe unseres Jahrhunderts ihre eigenen Werte größtenteils verloren. Zu oft ist ihnen diesbezüglich der Boden unter den Füßen weggezogen worden; immer haben sie „aufs falsche Pferd gesetzt". Zu guter Letzt haben sie nach dem Zusammenbruch 1945 (eigentlich die Befreiung des Vaterlandes; von vielen aber als „Niederlage" erlebt) ihre ganze Hoffnung im materiellen Aufstieg gesehen und so das Wirtschaftswunder zustande gebracht. Dieses unaufhaltsam sich steigernde Jagen nach Geld kostet aber unbeschreiblich viel Zeit und Kraft — da bleibt für die Kinder nicht viel übrig.

Ich pflege immer zu sagen: Man liebt so sehr, wie man bereit ist, einem Menschen Zeit zu widmen, und also fühlen sich die Kinder wenig geliebt und leben, im Sinne eines wunderbaren Ausspruches von MANÈS SPERBER, als „Waisen mit Vater und Mutter".

Freilich, die Eltern spüren schon, daß sie da ihren Kindern unendlich viel schuldig bleiben; irgendwie wollen sie es wiedergutmachen, und sie können es naturgemäß nur mit Dingen tun, die ihnen zur Verfügung stehen: also „überschütten" sie die Kinder mit materiellen Werten.

Vor ein paar Jahren durfte ich zum Todestag von JOHANNES XXIII., der für mich zum idealen Leitbild unserer ganzen Zeit geworden ist, den Gedenkvortrag in der Hochschule in Eichstätt in Süddeutschland halten. Und nachher ist ein junger Mann zu mir gekommen mit dem Namen MARKUS MAROTTE: „Ich gebe Ihnen da ein Gedicht, und wenn Sie es brauchen können, dann verwenden Sie es."

Der Titel des Gedichtes ist „Liebe", und nun werde ich von dieser Erlaubnis Gebrauch machen:

> Wir erschrecken vor dieser Freiheit,
> die ihr uns plötzlich gebt,
> mit der ihr uns allein laßt in den leeren Wohnungen,
> während ihr selbst die Flucht ergreift,
> in panischer Angst, in immer schnelleren Autos.
> Unsere Frage nach Gott
> speist ihr mit einem Löffel Schlagsahne ab.
> Eure Schwarzwäldertorten stinken.
> Wundert euch nicht,
> wenn wir euren Händen entgleiten,
> davonbrausen auf unseren heulenden Maschinen,
> weil wir daheim nicht heulen dürfen,
> in der hellhörigen Wohnung.
> Wundert euch nicht,
> wenn wir uns ekeln vor euren Gesichtern,
> aber den Augen des Guru blind vertrauen.
> Wir wissen es ja, so oder so,
> wir gehen drauf.
> In eurer Mitte fallen wir um eines Tages.
> Vor euren Augen sterben wir
> an der Sinnlosigkeit eures Lebens.

Wir sollten aus dem Gedicht lernen, wie sehr in der Wertvermittlung die entscheidende Brücke zwischen Eltern und Kindern gebaut werden kann. Wir müssen uns zu Werten bekennen, diese Werte leben, verwirklichen und sie den Kindern vermitteln. Wertevermittlung dürfte aber nie in einem Aufzwingen von Werten bestehen. Nie sollte man sagen: „Ich weiß alles und bin im Besitz der allein seligmachenden Wahrheit." Vielmehr müßte es heißen: „Schau, so sehe ich das, so halte ich es für richtig, aber du mußt zu deiner eigenen Überzeugung kommen, und beim Finden will ich dir nicht im Wege stehen." — In den letzten Sätzen sind sehr viele Konjunktive zu finden, weil es sich um Möglichkeiten handelt, die derzeit kaum oder jedenfalls viel zu selten realisiert werden.

Es ist erschütternd, zu sehen, wie unsere Kinder von den Eltern wertmäßig unterernährt werden, so daß sich die jungen

Menschen später aus den verschiedensten Ecken ihre Werte zusammenkratzen müssen. Umsomehr muß ich vor dieser Jugend ungeheuren Respekt haben. Rainer Maria Rilke hat einmal gedichtet: „Wir sind ganz angstallein, haben nur aneinander Halt." Ich wüßte gar kein besseres Wort für diese Situation der heutigen Jugend. Verlassen, im Stich gelassen, von einer schrecklichen Angst vor dem Leben gepeinigt, weil sie nicht genügend ausgerüstet ist. Und dann wagt sie sich dennoch in dieses Leben hinaus und entwickelt unverdrossen ihre sogenannten Utopien und wird nicht müde, daran zu arbeiten, eine bessere Welt zu bauen, als wir sie haben. (Unsere Welt ist nicht gut; wer das behauptet, erkennt die Situation nicht, wie sie ist. Wir sind bedroht von dem Untergang der Menschheit.) Ist das nicht großartig? Ist das nicht bewunderswert, wie sie bereit ist, sich für „ein paar Bäume" schlagen zu lassen. Bertolt Brecht hat von den „guten Leuten" gesagt: „Sie sind an etwas interessiert, was außerhalb von ihnen liegt", und also sind diese jungen Menschen „gute Leute", denn das Wachstum der Natur ist ihnen wichtiger als jede Wachstumsrate: Sie wollen verhindern, daß die Erde, auf der, von der wir alle leben, zerstört wird.

Eine der schwierigsten Aufgaben in der Erziehung ist zweifellos die, wenn man mehrere Kinder hat, allen das Gefühl zu vermitteln, gleich geliebt zu werden. Allgemein bekannt sind klassische heikle Situationen im Zusammenhang mit der Geschwisterproblematik. Einzige Kinder werden oft grenzenlos verwöhnt und haben andererseits große Kommunikationsschwierigkeiten. Ältesten Kindern wird oft eine Verantwortung auferlegt, die sie einfach überfordert: Ich kenne Familien, in denen nur ein einziges Kind neurotisiert wurde und die anderen nicht, eben gerade das älteste — ein Beweis dafür, wie verschieden die scheinbar gleiche Familiensituation von verschiedenen Menschen erlebt werden kann.

Das jüngste Kind wird nicht zufällig oft als „Nesthäkchen" bezeichnet. Dieses wird oft maßlos verwöhnt und damit in der Selbständigwerdung (siehe früher) schwer behindert.

Erwähnt werden muß auch die Problematik des sogenannten „entthronten" Kindes, nämlich jenes Kindes, das durch einige Zeit „das einzige" gewesen ist und nun die Liebe der Eltern mit einem anderen teilen muß. Wir wissen aus vielen Untersuchungen, daß die Verbitterung über diese Entthronung oft bis zu direkten Todeswünschen geht. Das Gewissen ist ja bezüglich der Aggression gegen Geschwister lange nicht so intensiv wie bezüglich Aggressionen gegen Eltern; dennoch kann natürlich auch hier ein neurotisierender Faktor enthalten sein.

Schließlich darf nicht vergessen werden, daß bezüglich der gleichmäßigen Verteilung der Liebe viele Eltern große Probleme haben in der Bewertung von Buben und Mädchen. Viele Väter und Mütter sind eben in ihrer Phantasie schon diesbezüglich vollkommen festgelegt (siehe früher) und haben es dann sehr schwer, ihre Begeisterung oder ihre Enttäuschung zu verbergen. Ich hoffe, daß die Zeiten, in denen Buben prinzipiell mehr begrüßt wurden als Mädchen (vor allem von seiten des Vaters), im Schwinden begriffen sind.

Wer bezüglich der Geschwisterproblematik Schwierigkeiten hat, die Liebe gerecht zu verteilen, der denke daran, daß dies selbst Gottvater nach dem Bericht des Alten Testamentes nicht gelungen ist, denn ohne Zweifel hat er Kains Opfer nicht angenommen, Abels Gabe aber schon. Dieses Beispiel aber mag uns auch belehren, wie wichtig es ist, daß wir *alle* Kinder anzunehmen bereit sind.

Es heißt, Gott habe sich dem Kain deswegen ungnädig erwiesen, weil er schon im voraus gewußt habe, daß er ein böser Mensch sein werde. Für uns Menschen läuft die Kausalkette jedenfalls anders: Zuerst stoßen wir ein Kind zurück, benachteiligen es, und dann erst entwickelt es sich negativ. Unsere spätere Ausrede, weil wir gewußt hätten, wie es sich entwickeln wird, hätten wir es nicht angenommen, kann vor einem kritischen Auge nicht bestehen: Zuerst ist das falsche Verhalten der Eltern da, dann entsteht daraus die problematische Entwicklung des Kindes.

Jüngst habe ich in der deutschen Wochenzeitung „Die Zeit", die einen sehr guten Ruf hat und in der ich im allgemeinen gerne lese, eine Artikelserie unter dem Titel „Das sogenannte Unbewußte" gefunden, bei der mich schon der Titel nichts Gutes ahnen ließ. In ihr wurde die Behauptung aufgestellt, die Existenz eines Unbewußten sei wissenschaftlich nie erwiesen worden, und bei der Postulierung von der Wichtigkeit der ersten sechs Lebensjahre für die psychische Gesundheit des Menschen handelt es sich um eine Freudsche Erfindung. Es gebe viele Menschen, die sich trotz einer schlechten Kindheit großartig entwickelt hätten, während andererseits Kinder, die unter den besten Umständen aufgewachsen seien, sich später als schwere Neurotiker entpuppt hätten.

Dazu ist zu sagen, daß die besten Lebensumstände, die man behauptet hat, bei späteren Neurotikern gefunden zu haben, sich bei näherem Hinsehen als reine Fassade erwiesen. Umgekehrt ist es wahr, daß einigen wenigen Menschen es gelungen ist, selbst schwerste neurotisierende Bedingungen der Kindheit ohne spätere Entwicklung einer Neurose zu überstehen. Von neurotisierenden Kindheitsbedingungen kann gesagt werden, daß sie mit hoher Wahrscheinlichkeit in eine Neurose münden, daß sie eine solche aber nicht mit absoluter Sicherheit zur Folge haben müssen. Vielleicht ist selbst dem Kind schon ein kleiner Freiraum des nicht neurotisch Reagierens offen oder sind es andere glückhafte Umstände, die wir heute noch nicht kennen, die einem Kind in wenigen Ausnahmefällen das tragische Schicksal einer lebenslänglichen Neurose ersparen. Wie dem auch immer sei, ich hoffe, damit gezeigt zu haben, daß es keine verantwortungsvolle Begründung dafür gibt, die Bedeutung der Kindheit für die Entwicklung des Menschen im Positiven wie im Negativen auch nur ein wenig zu reduzieren.

Ich erwähne diese Artikelserie aus der „Zeit" deswegen, weil wir immer wieder gerade in Österreich mit Menschen konfrontiert werden, die Ansichten kolportieren, welche geeignet sind, die Erkenntnisse der Tiefenpsychologie zu bagatellisieren, zu bestreiten und lächerlich zu machen. Wenn man bedenkt, daß die Tiefenpsychologie von jedem Menschen gerade im Erziehungsbereich höchste Verantwortungsbereitschaft verlangt, wie groß wird dann die Gefahr sein, solche Lügen zu glauben, um dadurch sich einerseits im Umgang mit Kindern „gehenlassen" zu können und gleichzeitig von der großen Verantwortung entlastet zu sein. Daher kann ich hier nur nochmals bitten, sich von den Sirenengesängen dieser falschen Propheten, die eine Rückkehr in vor-Freudsche Zeiten propagieren, nicht verführen zu lassen.

Ich bin mir vollkommen dessen bewußt, daß ich hier sehr viele Erziehungsprobleme noch unerwähnt ließ. Zwei davon, nämlich die Frage der Sexualität in der Kindheit und die der Gewissenserziehung, scheinen mir so wichtig zu sein, daß ich ihnen später eigene Kapitel widmen werde.

Für dieses Kapitel bleibt mir nichts anderes übrig, als mit dem versprochenen ANTON-WILDGANS-Gedicht zu schließen:

Im Anschaun meines Kindes

Du Atmendes, zu deinem Schlaf gebeugt
Steh' stumm-erschüttert ich, der dich gezeugt.
Beklommen tast' ich nach der Freundin Hand,
Aus deren Schoß dein Leib sich feindlich wand.
Du Fleisch gewordnes Fieber unsrer Lust,
Wir haben dich gewollt, du hast gemußt.
Nun bist du, eines Schicksals Anbeginn,
Erschauernd grüble ich nach seinem Sinn.

In deiner Züge Unerschlossenheit
Spür' ich nach Zeichen und nach Ähnlichkeit:
Dies ist von mir, der Freundin jener Zug,
Dies bist schon du, dies noch nicht du genug.
Dies Lächelnde vergleicht Erinnerung
Mit einem Bild der Mutter, als sie jung.
Dies leise Wehe um den kleinen Mund
Ist mir aus meines Vaters Leiden kund.
Dies ist schon Güte, jenes ist noch stumpf,
Dieses schon Wille, dies noch Trieb und dumpf.
Nun zuckst du auf im Schlaf, obwohl kein Ton
Dich schrecken konnte — Liebes, träumst du schon?

Aus vielen Bluten ist dein Blut entkocht,
Aus vielen Flammen ward der zage Docht,
Der trübe noch in deiner Stirne brennt,
Aus Elementen neues Element.
Nicht nur, was wir am eignen Selbst erkannt,
Ist deinem Wesen erblich eingebannt,
Auch die Erträge unserer Dunkelheit
Sind in dein Klares heimlich eingereiht.
Was wir in uns an Bösem abgebaut,
An Listen und an Lüsten rückgestaut,
Das Meinen, das zum Wollen nicht genug,
Die Laßheit, die sich gern der Tat entschlug,
Der Zwiespalt, dem nur Zufall Lösung fand,
Der unvermochten Rache finstrer Brand
In uns und fernster Ahnen Rätselreihn:
All dies bist du nun oder kannst es sein.

Vielleicht, daß einst es steil und unvermeint
Aufschnellt in deinem Blut als unser Feind
Und uns beschuldigt, daß wir falsch getan,
Aus Trägheit, Torheit oder feigem Wahn!
Da wird die Flamme frei, die wir gedämpft,
Zur Schuld die Treue, die wir schwer erkämpft;
Was wir geliebt, dünkt dich nur wert der Lust,
Wo wir geträumt, da bist du streng bewußt,
Wo wir bestraften, tröstest du mit Lohn,
Wo wir geopfert, klirrt vielleicht dein Hohn;
Aus unserm Dach wird Brennholz deinem Herd,
Aus unserm Werkzeug glühst du dir ein Schwert
Und haust in Trümmer wie ein Jahrmarktszelt,
Die wir uns liebend bauten, unsere Welt!

Du Atmendes, zu deinem Schlaf gebeugt,
Steh' stumm-erschüttert ich, der dich gezeugt.
Du Mensch gewordnes Fieber unsrer Lust,
Wir haben dich gewollt, du hast gemußt.
Doch wie, wenn du, ein Scherge, einst von uns
Begründung forderst unsres Schöpfertums
Und uns das Müssen, das man Leben nennt,
Hinschleuderst wie ein listig Dokument,
Worin im Leichtsinn oder sinnberaubt
Wir unterschrieben, was wir nicht geglaubt?

Wie, wenn du uns in deines Wesens Guß
Den Fehler zeigst, der unsre Schuld sein muß,
Und uns aus deiner Not ererbtem Fluch
Beweisest unsrer Herzen Widerspruch?
Daß Lüge war, was uns zusammenzwang,
Nicht zweier Sterne Zueinanderdrang,
Die, lange einsam auf getrennter Wacht,
Zu eins verglühn in heiliger Liebesnacht!

Eratmend tast' ich nach der Freundin Hand,
Aus deren Schmerz dein Leib sich hold entband.
Du klar gewordne Wirrnis unsrer Lust,
Wir wollten dich und sind nicht schuldbewußt.
Und wirst du doch zum Kreuze, sieh, wir sind
Bereit, daran zu leiden — schlaf, mein Kind!
Uns Richter magst du werden, bist du schon;
Traumlächle nur, noch ahnst du nichts davon!
Ein Mittler auch in manchem kleinen Zwist,
Weil, wo wir zwei sind, du wir beide bist.
In deinem Lächeln lächeln wir dereinst,
Und unser sind die Tränen, die du weinst.
Auf deinen Füßen gehn wir einst im Wind,
Der unsre Gräber liebkost — schlaf, mein Kind!
In deines Blutes dumpfer Frühlingskraft
Aufsteige wieder ich aus Todes Haft
Und dränge mir an deinen Jünglingsschoß
Die Schlanken alle, heut noch wesenlos,
Und schenk der Schmeidigsten ein Angebind,
Ein Atmendes, wie du bist — schlaf, mein Kind!

IV.

DIE SYMPTOME DER KINDLICHEN NEUROSE, AN DENEN MAN DIE NEUROTISIERUNG DES KINDES ENTDECKEN KANN

Vom tiefenpsychologischen Standpunkt unterscheiden wir folgende Stadien der frühkindlichen Entwicklung (es gibt natürlich auch andere Einteilungskriterien):

1. Das frühe orale Stadium

Das 1. Lebensjahr, in dem der Saugakt im Mittelpunkt der kindlichen Aufmerksamkeit steht. Dabei geht es nicht nur um die so notwendige Nahrungsaufnahme, sondern das Einverleiben der Nahrung bedeutet zugleich Empfangen von Liebe und Sicherheit. Gerade in dieser Phase sind die Gefühle der Wärme und Sicherheit von besonderer Bedeutung. — Es gibt Forscher, die auch von einem die ersten Lebensmonate umfassenden „dermatalen Stadium" sprechen, weil in dieser Zeit eben auch die Haut als jenes Organ, mit dem wir die Berührung der Umwelt, vor allem der Mutter, sowie die Begrenzung des eigenen Körpers empfinden, besonders bedeutungsvoll erscheint.

2. Das späte orale Stadium

Ende des 1. Lebensjahres. Es geht mit der Entwicklung der Zähne einher und rückt die Tendenz in den Vordergrund, sich der Nahrungsmittel — später auch anderer Dinge — mit dem Mund zu bemächtigen und sie eventuell zu zerstören, zu zerbeißen. Inzwischen mußte das Kind lernen, die Nahrungsaufnahme seiner sozialen Umgebung anzupassen: Es bekommt nur zu gewissen Zeiten zu trinken, zwischen denen die orale Befriedigung nicht gewährt wird. Dementsprechend treten jetzt die Gefühle des Futterneides und der Rivalität auf, da das Kind in dieser Periode nun um seine Nahrung und Triebbefriedigung kämpfen muß.

3. Das frühe anale Stadium

2. Lebensjahr. Es ist dadurch charakterisiert, daß die Aufmerksamkeit der Exkretion zugewandt wird. Zunächst stellt sich das Kind seinen Exkrementen gegenüber durchaus positiv ein. Die Aufmerksamkeit der Erwachsenen unterstützt diese Tendenz. Die Reinigung und Pflege der entsprechenden Organe ist geeignet, Lustempfindungen beim Kind auszulösen.

4. Das späte anale Stadium

3. Lebensjahr. In dieser Zeit muß das Kind lernen, rein zu werden. Das Zurückhalten des Stuhles, also der Verzicht auf etwas, was man gern täte, wird zur Leistung, die mit Liebe belohnt wird. Die Unterdrückung von Trieben, um dadurch Liebe zu bekommen, wird als eine neue Errungenschaft in die Persönlichkeitsentwicklung eingeführt.

5. Die sogenannte ödipale Phase

4.–5. Lebensjahr. Das Kind beginnt sich nunmehr intensiver mit der Verschiedenartigkeit der beiden Geschlechter, insbesondere mit der Familiensituation, also der Existenz von zwei Elternteilen, die diese beiden Geschlechter repräsentieren, auseinanderzusetzen; es empfindet eine besondere Zuneigung zu jenem Elternteil, der das ihm entgegengesetzte Geschlecht repräsentiert; dabei muß der Knabe lernen, daß die Mutter nicht ihm allein gehört, sondern daß dem Vater die ersten Ansprüche zukommen, für das Mädchen hinwiederum besteht eine ähnliche Problematik bezüglich des Vaters. Nachdrücklich muß betont werden, daß diese sogenannte „Ödipus-"

oder „Elektrasituation" des Kindes (nach den entsprechenden bekannten griechischen Sagen benannt) nichts mit sexueller Problematik im engeren Sinne zu tun hat, sondern daß sie vielmehr einem allgemein menschlichen Wunsch nach Alleinbesitz entspricht, wobei freilich auch im Hintergrund eine sexuelle Begleitkomponente in der Form der noch unspezifischen kindlichen Sexualität anklingt: Das Kind will einen Elternteil für sich allein haben (welcher Knabe z. B. hat nicht einmal die Arme um seine Mutter geschlungen und ausgerufen: „Du gehörst nur mir", welches Mädchen hat nicht einmal gesagt: „Ich heirate meinen Vater"), wird aber schließlich in diesem Wunsche enttäuscht. Diese Situation ist eine völlig normale, sie spielt sich im Leben jedes Kindes ab und wird in der überwiegenden Mehrzahl aller Fälle dadurch erfolgreich bewältigt, daß sich das Kind mit dem mächtigen Konkurrenten identifiziert, der Knabe also mit dem Vater, das Mädchen mit der Mutter. Solcherart beginnt es, dem zur Identifizierung gewählten Vorbild nachzueifern und auf diese Weise allmählich auch psychologisch in die von Geburt an anatomisch bestimmten Geschlechtsrollen hineinzuwachsen.

Es ist ja gar nicht selbstverständlich, daß man die Rolle, die man einfach zugewiesen bekommen hat, auch tatsächlich bejaht, und aus ihrer Ablehnung können verhängnisvolle Symptome resultieren (siehe später). Gerade unter diesem Aspekt könnte man sagen, daß die erste Dreieckssituation, die das Kind in einer normalen Familienkonstellation erlebt (Vater – Mutter – Kind), von der Natur sehr weise eingerichtet wurde, um die Problematik der Bejahung des eigenen Geschlechts möglichst gut zu lösen.

Nach der ödipalen Phase folgt, bis zum Beginn der Pubertät, ein Zeitabschnitt, welcher der Entwicklung der Fertigkeiten der heranwachsenden Person dient und in der Regel von schwerwiegenden psychischen Problemen frei bleibt: er wird deshalb Latenzperiode genannt. Erst in der Pubertät beginnen unter dem Drucke des organisch bedingten Triebzuwachses und der erwachenden Sehnsucht nach Loslösung von den Eltern neuerliche schwerwiegende Auseinandersetzungen in der Persönlichkeit.

Die Kenntnis dieser drei Phasen (orale, anale, ödipale) ist zum ersten sehr wichtig, weil es in jeder dieser Phasen spezifische Möglichkeiten gibt, das Kind zu neurotisieren.

Im oralen Zeitabschnitt wird die Gefahr hauptsächlich von einem falschen Verhalten der Mutter ausgehen. Hier ist sie der entscheidende neurotisierende Faktor, während dem Vater noch keine wesentliche Rolle zufällt. (Indirekt ist er aber natürlich auch schon in diesem Zeitabschnitt von großer Bedeutung; denn seine bloße Anwesenheit vermag der Mutter Sicherheit in der Ausübung ihrer Funktionen geben — den besten Beweis liefern dafür logischerweise die Mütter, denen infolge unehelicher Geburt oder durch Scheidung oder durch frühzeitigen Tod der Partner fehlt: Die daraus resultierende Unsicherheit der Mutter wird auch das Kind verunsichern und damit neurotisieren.) Man muß z. B. sehen, wie neurotische Mütter ihre Kinder stillen (Spitz hat dies in Filmaufnahmen festgehalten): Mitten im Stillakt werden sie von ihren eigenen Schwierigkeiten und Gedanken überwältigt, und sie setzen, ohne es selbst recht zu merken, das Kind von der Brust ab. Erst nach einiger Zeit finden sie wieder in die Wirklichkeit zurück und geben dem Säugling die Möglichkeit, den Stillakt fortzusetzen. Ein solcher Vorgang kann sich während eines Stillaktes mehrmals wiederholen. Das Beispiel dürfte zur Genüge zeigen, wie sehr das neurotische Verhalten der Mutter geeignet sein wird, schon im Säugling Angst und Unsicherheit sowie Aggressionen auszulösen und damit die Entwicklung eines neurotischen Konfliktes einzuleiten. Es gibt natürlich sehr viele Formen gestörter Liebeszuwendung von seiten der Mutter. Ihr Resultat wird aber immer das gleiche sein: Die Gefahr der Neurotisierung des Kindes wird heraufbeschworen.

Stand in der oralen Phase die Mutter im Mittelpunkt der gesamten kindlichen Welt, so gewinnt in der analen Periode auch der Vater an Bedeutung. In dieser Zeit ist es von großer

Wichtigkeit, die beiden nun verlangten Leistungen des Kindes, nämlich zuerst das Zurückhalten und dann das Absetzen zu einem bestimmten Zeitpunkt, welche zusammen das Reinwerden ergeben, mit Liebe zu belohnen. Mit hintergründigem Tiefsinn werden diese Vorgänge daher in der deutschen Sprache als „großes und kleines Geschäft" bezeichnet. Ist dies nicht der Fall, werden wiederum schwere Aggressionen heraufbeschworen. Ebenso nötig erscheint es, das Toilettetraining nicht zu übertreiben (wie es oft durch besonders „genaue", „gründliche" und „gewissenhafte" Eltern geschieht), weil dadurch die Grundlage zu Pedanterie, übertrieben „zwanghafter" Gewissenhaftigkeit, somit also von bestimmten Charakterzügen, die später zur Zwangsneurose führen können, gelegt wird (siehe das 6. Kapitel). Hier wird wiederum ein wichtiger Grundsatz sichtbar: Die Hauptgefahr für eine Neurotisierung des Kindes ist darin gelegen, daß die Eltern selber Neurotiker sind. Wer z. B. dem analen Bereich nicht unbefangen gegenübersteht, sondern ihn als „unrein" bewertet und dementsprechend durch unnatürliche Übertreibung des Reinlichkeitsprinzips zu entschärfen versucht, wird nur allzuleicht in der Zeit des Toilettetrainings durch sein falsches Verhalten die eigene Störung auf das Kind übertragen. Wir kennen genügend Patienten, die sich Zeit ihres Lebens des Absetzens ihrer Exkremente schämen und z. B. eine Toilette nicht benützen können, wenn sie wissen, daß jemand in der Nähe ist. Das beharrliche Schweigen über das „Anale", also einer Tabuisierung dieses Gebietes, und das Gegenstück dazu, ein ständiges genüßliches Sich-Ergehen in diesbezüglichem „Schweinigeln" — tiefenpsychologisch gesehen sind dies nur die zwei Seiten derselben Münze, Ausdrücke der gleichen Neurotisierung in der analen Zeit, einmal zur Verdrängung, das anderemal zu Überkompensation führend.

Wir haben schon darauf hingewiesen, daß die ödipale Situation etwas durchaus Natürliches, ja sogar Notwendiges im Leben jedes Kindes darstellt. Sie wird normalerweise durch Identifizierung mit dem gleichgeschlechtlichen Elternteil beendet und findet so eine durchaus normale und für die weitere gesunde psychische Entwicklung des Kindes notwendige Lösung. Damit diese Lösung erreicht wird, ist das richtige Gleichgewicht innerhalb der Familie von entscheidender Bedeutung. Dort, wo es nicht gegeben ist, kann die Identifizierung mit dem gleichgeschlechtlichen Elternteil ausbleiben (wenn es sich um eine schwache Persönlichkeit handelt) und statt dessen eine besonders starke Bindung an den entgegengesetzt-geschlechtlichen Elternteil persistieren, eine Konstellation, die wir dann als Ödipuskomplex bezeichnen. Zeigt die Mutter die Tendenz, den Knaben allzusehr an sich zu binden (was vor allem dort der Fall sein wird, wo die Mutter in ihrer Beziehung zum Vater nicht glücklich ist und im Kinde einen gefühlsmäßigen Ersatz für den Mann sucht), so wird dies eine abnormale Abhängigkeit des Kindes von der Mutter heraufbeschwören, die den ganzen späteren Lebensweg beschatten, ja sogar zerstören kann. Eine ähnliche Gefahr besteht, wenn der Vater z. B. das Mädchen aus „übergroßem Vaterstolz" zu sehr an sich fixiert. Aus dem Gesagten geht hervor, daß sich auch das Fehlen eines Elternteiles, besonders natürlich des gleichgeschlechtlichen, in der ödipalen Phase schädlich auswirken kann, allerdings nicht muß, weil es durchaus möglich ist, daß z. B. eine andere, dem Kinde nahestehende männliche Person (z. B. Großvater) als Vaterfigur einspringen kann.

Wir kommen jetzt zu den neurotischen Symptomen des Kindes in den einzelnen Phasen: Daß die Grundsymptome Ambivalenz, Angst, Minderwertigkeitskomplex, Schuldbewußtsein und Bestrafungswunsch gegeben sind, braucht nach den Ausführungen des 2. Kapitels nicht wiederholt zu werden. Zu ihnen treten aber nun auch andere Symptome hinzu, *die immer jener Phase entsprechen, in der die Neurotisierung erfolgte.* Das bedeutet also: Ein Kind wird, wenn es in der oralen Phase neurotisiert wird, zu den Grundsymptomen zusätzliche orale Symptome entwickeln; ein Gesetz, welches dann natürlich auch für die anderen Phasen gilt. Die Kenntnis aller dieser Symptome ist deswegen von einer eminenten Wichtigkeit, weil es als verhängnisvoll angesehen werden muß, die ersten Symptome einer Neurose zu übersehen. Wir müssen dankbar sein dafür, daß — wenn die Entstehung der Erkrankung Neurose schon nicht verhindert werden konnte — sie sich wenigstens mit diesen ersten Symptomen verrät und damit die Möglichkeit gegeben ist, ihr weiteres Fortschreiten zu verhindern. *Somit kommt also den ersten neurotischen Symptomen praktisch der Wert eines Alarmsignals zu.*

Diese phasenspezifischen neurotischen Symptome sehen so aus:

1. Orale Phase

Hier steht die Nahrungsaufnahme im Mittelpunkt der Aufmerksamkeit, die Organe, die ihr dienen, vom Mund bis zum Magen, sind, wie der wissenschaftliche Ausdruck lautet, in dieser Periode besonders stark emotional „besetzt". Als Folge der Neurotisierung auftretende Ambivalenz wird dementsprechend mit diesen Organen ausgedrückt werden (z. B.: Ablehnung der Mutter wird zur Ablehnung der Nahrung, statt Nahrungsaufnahme erfolgt in einem Brechakt ihre Zurückweisung). Das Kind wird sich in diesem Zeitabschnitt umsomehr dieser „Organsprache" zum Ausdruck seiner neurotischen Konflikte bedienen, als ihm ja eine andere Sprache noch nicht zur Verfügung steht.

Die wichtigsten „oralen" neurotischen Symptome sind: Brechen, Nahrungsverweigerung, hastiges Essen, Unersättlichkeit, verzögerte Entwöhnung vom Schnuller, Daumenlutschen (als Ersatzbefriedigung), Nägelbeißen (als aggressiver Akt, wobei aber die Aggression am eigenen Körper abreagiert wird, ein eindrucksvolles Beispiel dafür, wie sich die unterdrückte verdrängte Aggression schließlich gegen die eigene Person wendet).

Auch bei vielen neurotischen Symptomen des Erwachsenen ist noch ihr „oraler Charakter" unverkennbar, sie weisen also auf eine Neurotisierung in der oralen Phase hin: Hier sind vor allem Alkoholsucht und übermäßiges Rauchen zu erwähnen, bei deren Entstehen das Bedürfnis nach oraler Ersatzbefriedigung keine geringe Rolle spielt. Eine wesentlich harmlosere Form „oraler Fixierung" stellt jener Männertyp dar, bei dem die Liebe zeitlebens, wie der Volksmund sagt, „durch den Magen geht".

2. Anale Phase

Auch in dieser Periode dominiert noch die Organsprache, freilich ist jetzt der Ausscheidungsakt im Mittelpunkt der emotionalen Aufmerksamkeit; schwerwiegende Enttäuschungen durch die Eltern, vor allem mangelnde Liebeszuwendung, falsches übertriebenes Toilettetraining, Pedanterie und dergleichen werden also mit „anal gefärbten" neurotischen Symptomen beantwortet werden.

Zu erwähnen sind hier: Verzögertes Reinwerden, Einnässen, Einkoten, abnormes Zurückhalten.

Insbesondere auf das Bettnässen, welches fast immer ein Protestsymptom gegen einen erlebten Mangel an echter Zuwendung zum Kinde ist, sei hier hingewiesen, einerseits, weil es ein besonders häufig vorkommendes neurotisches Symptom ist, andererseits aber auch, weil es Gelegenheit zu einer prinzipiellen Feststellung gibt. Es ist unglaublich, dennoch aber wahr: Gelegentlich kommt es in Anstalten noch vor, daß Kinder, die am neurotischen Symptom des Bettnässens leiden, zur Strafe mit dem ausgebreiteten nassen Leintuch stundenlang in Gegenwart der anderen Kinder diesen zur Schau gestellt werden. Selbstverständlich wird dieses neuerliche Erlebnis der Lieblosigkeit der Umgebung und das Gefühl des Nichtverstandenseins entgegen der naiven Vorstellung jener Erzieher, die solche Maßnahmen durchführen, um eine „Besserung" zu erreichen, zu einer Verstärkung des Bettnässens führen müssen. In diesem Geschehen offenbart sich überhaupt eine prinzipielle Tragödie des Neurotikers: Er will unbewußt durch sein Symptom Abhilfe und Wandlung, vor allem mehr Liebe erreichen, führt aber gewöhnlich dadurch erst recht eine Verschlimmerung seiner schwierigen Situation herbei.

Damit ist aber die anale Symptomatik noch keineswegs erschöpft. Diese Periode bringt auch das erste Erwachen der kindlichen Sexualität mit sich: Anale Aufmerksamkeit muß automatisch auch eine Hinwendung zu den Sexualregionen mit sich bringen, anale Empfindungen werden oft mit ersten sexuellen Gefühlen gekoppelt (so erzeugt das Zurückhalten des Stuhles mitunter ein eigenartiges, sexuell gefärbtes Lustgefühl). Auf diese Problematik werde ich im nächsten Kapitel eingehen.

Schließlich darf nicht vergessen werden, daß die Entwicklung des Kindes gerade während der analen Periode große Fortschritte macht. Längst ist die Organsprache nicht mehr seine einzige Ausdrucksmöglichkeit, immer deutlicher formen sich die Umrisse seiner Person. Dementsprechend ist diese Zeit ganz entscheidend für die Gewissensbildung, die ihrer besonderen Bedeutung wegen eigens abgehandelt werden wird (6. Kapitel). Außerdem formt sich immer mehr der Charakter des Kindes, nicht zuletzt dadurch, daß organische Verhaltensweisen auch auf das seelische Gebiet übertragen werden: So wird die Bereitschaft, den Stuhl abzusetzen, oft in eine allgemeine Großzügigkeit umgesetzt, während ein neurotisches Zurückhalten prinzipielle Knausrigkeit zur Folge haben kann. So gesehen, mag Peter Altenberg recht haben, wenn er feststellt, „daß er keinen Geizigen kenne, der nicht auch an Obstipation (Verstopfung) leide". Jedenfalls muß man wissen, daß eine Neurotisierung in der analen Phase auch Symptome einer neurotischen Gewissens- und Charakterbildung zur Folge haben kann.

Bevor wir zur ödipalen Phase übergehen, muß noch einmal daran erinnert werden, daß orale und anale Phase eines gemeinsam haben: das Vorherrschen der „Organsprache", mit welcher der neurotische Konflikt ausgedrückt wird. Diese Organsprache kann nun nicht nur zu einzelnen Manifestationen führen, wie z. B. Erbrechen oder Durchfall, sondern auch zu direkten Organerkrankungen, die dann dementsprechend als psychosomatische Erkrankung zu bezeichnen sind. Besonders ist in diesem Zusammenhang an eine Neurodermitis (mangelnde Zärtlichkeit der Mutter; bereits im 3. Kapitel erwähnt), an Störungen der regelrechten Funktion des Magen- und Darmtraktes, oft verbunden mit Schmerzen, und an bestimmte asthmaoide Atembeschwerden (Mutter-Problematik) zu denken.

3. Ödipale Phase

Damit ist eine entscheidende Zäsur eingetreten: Die Zeit der Organsprache ist vorbei, die neurotischen Konflikte werden nun im *Verhalten* unter besonderer Benützung der *Sprache,* und in der Gestaltung der *zwischenmenschlichen Beziehungen,* ausgedrückt.
a) Bei den Verhaltensstörungen sind anzuführen: Lügen, anhaltende Auflehnung, Zornausbrüche, neurotischer Diebstahl, Sich-Zurückziehen und -Verschließen, Nachlassen der Leistungen, später dann auch in der Schule, nächtliches Aufschreien, Schlafwandeln, Stottern, Konversionsmechanismen.
Bei Betrachtung dieser Aufstellung muß mit Nachdruck darauf hingewiesen werden, daß das gelegentliche Auftreten einer der hier beschriebenen Verhaltensweisen noch keineswegs das Bestehen einer Neurose beweist. Wer wäre als Kind nicht „unfolgsam", gelegentlich „schlimm" und zornig gewesen, wer hätte nicht einmal gelogen? Die Vorstellung, daß Kinder reine Engel sind, ist ja psychologisch in keiner Weise aufrechtzuerhalten! Gemeint ist damit, daß erst das gehäufte, verstärkte und chronische Auftreten dieser Symptome auf die Neurotisierung des Kindes hinweist.
Zu einigen der hier angeführten Symptome sind noch ergänzende Bemerkungen nötig. So findet man immer wieder bestätigt, daß die Eltern bei jenen neurotischen Symptomen, unter denen *sie* zu leiden haben, sofort aufmerksam und beun-

ruhigt sind, während sie bei anderen, die sich für sie nicht belastend auswirken, weit weniger beeindruckt und bewegt erscheinen. Zu den letzteren zählt insbesondere das „Sich-Zurückziehen" des Kindes. Und doch kann es sich hier um ein äußerst gefährliches neurotisches Symptom handeln, das später in ausgesprochene Entmutigung, Minderwertigkeitskomplexe, Hemmungen übergeht, welche alle geeignet sind, den Lebensweg zu zerstören bzw. den Menschen zu verbittern (siehe früher).

Das Symptom des neurotischen Diebstahles gibt uns Gelegenheit, einen neuerlichen tiefen Einblick in die gesamte neurotische Problematik zu gewinnen. Der neurotische Diebstahl unterscheidet sich nämlich von Diebstahl, wie er sonst vorkommt, in sehr wesentlicher Weise. Beim „gewöhnlichen" Diebstahl kommt es zuerst zu einer Versuchungssituation oder zur gedanklichen Planung, dann zur Tat. Nach der Tat treten Schuldgefühle und Reue auf. Beim neurotischen Diebstahl ist es gerade umgekehrt. Wir haben bereits darauf hingewiesen, daß der neurotische Konflikt durch ins Unbewußte verdrängte Aggressionen entsteht, der von diesem Vorgang Betroffene selbst die verdrängten Aggressionen keineswegs überwundenen Aggressionen gleichsetzt, und daher aus den verdrängten Aggressionen immer (freilich ebenfalls unbewußt bleibende) Schuldgefühle resultieren. Aus diesem Schuldgefühl erwächst nun, auch das wissen wir bereits, ein unbewußtes Bestrafungsbedürfnis. Dieses kann einerseits durch die quälende neurotische Symptomatik, andererseits aber auch durch die Provokation von Situationen, in denen man von anderen bestraft wird, befriedigt werden. Beobachten wir beim „gewöhnlichen" Diebstahl erst die Tat und dann das Schuldgefühl, so finden wir beim neurotischen erst das unbewußte Schuldgefühl, aus dem heraus dann der Diebstahl gesetzt wird, um dafür bestraft zu werden. Der neurotische Diebstahl ist dementsprechend schon beim Kind in seiner Durchführung dadurch gekennzeichnet, daß er nie um des eigenen Vorteiles willen und immer so ausgeführt wird, daß der Täter ertappt werden muß. Aus dem Gesagten ergibt sich aber noch etwas: Wird ein Kind um eines solchen neurotischen Diebstahls willen bestraft, so hat man damit gerade jenen Preis ausgesetzt, den es unbewußt anstrebt. Man kann also ziemlich sicher sein, daß es von nun an immer wieder eine Verhaltensweise üben wird, die sich bereits einmal als geeignet erwiesen hat, die erwünschte Strafe zu bekommen. Der mit dieser Problematik nicht vertraute Erzieher findet dann immer wieder erstaunt etwa die folgenden Worte: „Jetzt habe ich das Kind bestraft, um es vor weiteren Diebstählen abzuschrecken, aber dieses Kind muß bereits ganz verstockt sein, denn das gerade Gegenteil ist eingetreten, es stiehlt jetzt immer wieder." (Um diesbezüglich ja keine Zweifel aufkommen zu lassen, sei noch einmal mit Nachdruck betont, daß natürlich keineswegs jeder Diebstahl ein neurotischer Diebstahl ist; aber es scheint doch nötig, zu wissen, daß es auch ein neurotischer Diebstahl sein kann!)

Nun zum Symptom des neurotischen Leistungsabfalles. Ein Kind, das mit seinem neurotischen Konflikt beschäftigt ist, erscheint in einen verhängnisvollen Zweifrontenkrieg verwickelt. Auf der einen Seite muß es sich den Forderungen des Alltags gewachsen erweisen, auf der anderen Seite verbraucht es wertvolle Kräfte bei der Aufrechterhaltung der permanent nötigen Verdrängung und bei der Bekämpfung der neurotischen Angst, die aus eben jener Verdrängung entsteht. Als Folge davon werden seine *Konzentration und Aufmerksamkeit* so absinken, daß auch ein Absinken des Leistungsniveaus unvermeidlich ist, in extremen Fällen kann es sogar dadurch zum Eindruck von Debilität kommen, obwohl natürlich nur eine neurotische Pseudodebilität vorliegt. Weder durch Drohen noch durch „Willensstärkung" wird diese Tatsache änderbar sein, sondern natürlich nur durch rechtzeitige Entdeckung und Beseitigung der Neurose.

(Eine kleine Anmerkung zu dieser Problematik auch später in der Schule: Einmal mehr zeigt es sich hier, wie nötig es ist, daß der Lehrer etwas von Neurosenlehre versteht und sich verpflichtet fühlt, nicht nur Wissensgut in der Schule zu vermitteln, sondern auch Einblick in jene Probleme zu gewinnen, die seine ihm anvertrauten Schüler bewegen. Nicht auszudenken etwa, welcher Schaden angerichtet wird, wenn ein neurotisch versagender junger Mensch deswegen aus seiner durchaus möglichen Bahn geworfen, etwa in die „Hilfsschule" abgeschoben wird und damit in der Entwicklung einen Knick erfährt, den er später nur sehr schwer ausgleichen kann.)

Ein lehrreiches Symptom ist auch das neurotische Stottern (es gibt natürlich auch andere Ursachen, die Behauptung dürfte aber nicht allzu kühn sein, daß es sich in der überwiegenden Mehrzahl aller Fälle um ein neurotisches Symptom handelt), weil hier die Ambivalenz direkt in der Sprache dargestellt wird. Es liegen also Aggressionen vor, und es besteht der Wunsch, sie sprachlich zum Ausdruck zu bringen; andererseits aber sind gerade diese Aggressionen verboten, sie dürfen daher nicht ausgelebt werden: Als Folge dieser beiden entgegengesetzten Tendenzen kommt folgerichtig eine Zerhackung und Zerstückelung der Sprache zustande. Drang und Zurückhaltung bestehen gleichzeitig und erlauben in ihrem Zusammenprall nur eine gehemmte, sozusagen tropfenweise abfließende sprachliche Äußerung. Immer wieder kann gezeigt werden, daß das Stottern jener Person gegenüber, gegen die sich die primären Aggressionen richten, am ausgeprägtesten in Erscheinung tritt. Da der Mechanismus, welcher zu diesem Symptom führt, dem Betreffenden natürlich unbewußt ist (es handelt sich ja um verdrängte Aggressionen!), erscheint ihm das Symptom rätselhaft und besonders qualvoll. Die Angst, wegen der Störung verspottet zu werden, verschlechtert die Symptomatik zusätzlich und fördert die Etablierung des Verhaltensmusters, sprachlichen Äußerungen, wenn irgend möglich, aus dem Wege zu gehen.

Wenn wir nun zu den Konversionssymptomen kommen, so muß zuerst erklärt werden, was eine Konversion ist: Es handelt sich dabei um einen Abwehrmechanismus, den der Mensch gegen seinen neurotischen Konflikt einsetzen kann und der ab der ödipalen Zeit zur Verfügung steht: Er bewirkt, daß der Mensch einen gegebenen innerseelischen Konflikt auf einmal nicht mehr *seelisch,* sondern *körperlich* verspürt. Es handelt sich also um die Verwandlung einer seelischen Empfindung in eine körperliche, wobei aber der Körper organisch gesehen unversehrt bleibt.

Das klassische Konversionsbeispiel der Verwandlung von Liebeskummer in Herzschmerzen zeigt außerdem, daß bei der Konversion der psychische Konflikt immer symbolhaft dargestellt wird (denn das Herz ist nun einmal in unserer Vorstellungswelt zum Symbol des Gefühls, insbesondere der Liebe, geworden). Welche Bedeutung diesem Abwehrmechanismus in unserer Zeit zukommt, mag etwa aus folgendem hervorgehen: Nach vorsichtigen Schätzungen leiden 60% aller Menschen, welche den Arzt aufsuchen, nicht an organischen Erkrankungen, sondern an Beschwerden, die durch Konversion zustande gekommen sind, somit also im Grund auf seelische Schwierigkeiten zurückgehen. (Natürlich darf nicht jeder Schmerz a priori als Konversionssymptom gewertet werden: sorgfältige Untersuchung muß eine organische Verursachung zuerst ausschließen.) Um Mißverständnisse, die leider gerade auf diesem Gebiet so leicht aufkommen, zu vermeiden, sei noch ausdrücklich festgestellt, daß derjenige, der eine Konversion vorgenommen hat, nun statt des seelischen *tatsächlich* einen körperlichen Schmerz verspürt, einen Schmerz allerdings, der keine organische Ursache hat. Es liegt also keine Simulation vor: Ein Konversionsschmerz wird oft sogar viel qualvoller empfunden als ein „echt organischer". Die Tragödie dieser Menschen ist oft dadurch begründet, daß sie von Arzt zu Arzt wandern, um endlich eine medizinisch-somatische Erklärung für ihre Beschwerden zu finden. Hier sehen wir wieder, wie sehr die neurotische Symptomatik imstande ist, auf eine ganz falsche Spur zu lenken: Man sucht, da man körperliche Symptome verspürt, deren Verursachung verständlicherweise im Körper; in Wirklichkeit ist sie aber im Seelischen gelegen. Es wäre falsch, wenn sich der Arzt dann mit der Feststellung begnügte: „Ihnen fehlt nichts" (das würde den Patienten unbefriedigt lassen, weil ja damit keine Erklärung für seine Symptome gegeben wird); die richtige Unterweisung muß vielmehr lauten: Sie sind organisch gesund, aber Ihre Beschwerden sind Ausdruck eines seelischen Konfliktes — sie werden erst nach dessen Beseitigung vergehen.

Beim Kind gibt es vor allem zwei Konversionssymptome: Übelkeit (als Ausdruck einer seelischen Ablehnung) und Kopfschmerzen (als Ausdruck einer übergroßen inneren seelischen Spannung und Belastung).

Vielleicht darf, abschließend zusammenfassend, gesagt werden, daß allen diesen Verhaltensstörungen, die aus einer ödipalen Neurotisierung entstehen, der Versuch gemeinsam ist, durch eine gewisse theatralische Darstellung und Übertreibung darauf aufmerksam zu machen, daß man mit seinen Konflikten auf normale Weise nicht mehr fertig wird: sehr deutliche Hinweise auf diesen Mechanismus geben auch Schlafwandeln und nächtliches Aufschreien. Ahnungslosigkeit und mangelnde Einfühlungsbereitschaft in den anderen führen aber allzuoft dazu, daß diese Warnsignale ungehört verhallen.

b) Wir müssen uns jetzt noch mit den aus einer ödipalen Neurotisierung resultierenden Störungen der zwischenmenschlichen Beziehungen beschäftigen. Von ihnen sind, der ödipalen Problematik gemäß, vor allem die Mann-Frau-Beziehungen betroffen. Folgende Möglichkeiten werden sich aus einem Ödipuskomplex ergeben (sie können mit umgekehrten Vorzeichen jeweils auf den Elektra-Komplex übertragen werden).

Es handelt sich dabei natürlich um Symptome, die erst im Verlauf des späteren Lebens zutage treten. Ich möchte sie aber dennoch anführen, weil sie zeigen, welch schlimme Folgen ein Ödipus- bzw. Elektra-Komplex haben kann und daß es daher umso wichtiger ist, die ersten Ansätze zu einem solchen in der Kindheit zu entdecken.

Vermeidung eines näheren Kontaktes mit dem anderen Geschlecht

Viele Menschen können sich von jener unnatürlichen Bindung an den entgegengesetztgeschlechtlichen Elternteil, die sich schon in der Kindheit entwickelt hat, nicht mehr befreien. Sie bleiben ein Leben lang unselbständig und abhängig, vermögen das auch religiös verankerte Gesetz, Vater und Mutter zu verlassen, um eine neue Familie zu gründen, aus pathologischen (neurotischen) Gründen nicht zu befolgen. So erfolgt bei ihnen keine Eheschließung, die Jahre vergehen, sie bleiben allein und werden mit zunehmendem Alter immer verbitterter und seltsamer. Es versteht sich von selbst, daß nicht jede Ehelosigkeit einen pathologischen Tatbestand darstellt, man denke z. B. an jene Menschen, die um einer Idee willen einsam bleiben. Andererseits besteht auch die Möglichkeit, daß ein Mensch, der im Grunde durch eine ödipale Fixierung unfähig ist, Bindungen zum anderen Geschlecht einzugehen, dieses sein Verhalten vor sich selber, als „Dienst an einer Idee", zu rechtfertigen versucht.

Vermeidung einer engeren Bindung an einen Partner des anderen Geschlechtes

Hier werden zwar „viele zarte Bande" geknüpft, einer letzten Bindung wird aber, oft unter Berufung auf Scheinargumente, die nur Rationalisierungen darstellen, ausgewichen. Die wahre Ursache für das Verhalten dieses „Don-Juan"-Typus liegt in der oft unbewußten Bindung an die Mutter, welche eine andere Dauerbeziehung einfach nicht zuläßt. Mit Recht sagt ADLER in diesem Zusammenhang, daß es leichter ist, die ganze Welt zu umarmen, als einen einzigen Menschen. Es erübrigt sich, darauf hinzuweisen, daß eine solche Verhaltensstörung nicht nur alle, die das Unglück haben, ihr zu begegnen, sondern auch ihre Träger selbst auf längere Sicht tiefunglücklich zurücklassen wird.

Scheitern der Partnerbeziehung

Man muß zur Kenntnis nehmen — es ist leider noch viel zu wenig bekannt —, daß sehr viele Ehen an einem Ödipuskomplex scheitern. Wenn es bei einem ödipal fixierten Menschen zu einer Eheschließung kommt, bedeutet sie oft nichts anderes als eine Wiederholung der Mutterbeziehung. Damit eine Ehe aber funktionsfähig sein kann, muß sie mehr als eine solche Wiederholung sein. Es wurde schon gezeigt, daß eine abnorme Bindung an einen Elternteil immer zwiespältige Gefühle des Kindes gegenüber diesem Elternteil heraufbeschwört. Man ist zwar bewußt ganz besonders eng an diesen „über alles geliebten Menschen" gebunden, lehnt ihn aber unbewußt ab, weil er ja der Entwicklung zur eigenen Selbständigkeit hindernd im Wege steht. Geht ein solcher Mensch später eine familiäre Bindung ein, so wird sich automatisch-zwanghaft dem Partner gegenüber genau dasselbe zwiespältige Gefühl entwickeln und dadurch häufig die Beziehung bereits nach kurzer Zeit scheitern.

Oft ist die Tatsache, daß es sich bei der gewählten Partnerin unbewußt um eine Mutterfigur handelt, bereits daran zu erkennen, daß eine der Mutter (aussehens- oder wesensmäßig) ähnliche oder aber eine ältere Frau erkoren wird. Sehr oft scheitert eine solche Ehe nicht nur an der auf die Frau übertragenen Ambivalenz, sondern auch an der Entsexualisierung der Beziehung. Handelt es sich bei der Partnerin in Wirklichkeit um eine zweite Mutter, so besteht die Tendenz, sie, ähnlich wie die Mutter, als „reine Frau" zu sehen, die durch Sexualität nicht „entweiht" werden darf. Die aufgenommenen sexuellen Beziehungen sind dementsprechend durch große Hemmung, Zurückhaltung und nur geringe Lustbetonung gekennzeichnet, ja oft kann der trennende Einfluß der Mutterbindung bis zur psychogenen Impotenz (Nichteintreten der Erektion infolge psychischer Hemmung bei intaktem organischem Befund) führen. Gar nicht so selten wird dann der dennoch bestehende Wunsch nach ungehemmter Sexualität außerhalb der

Ehe befriedigt, bei „leichten Frauen", gegenüber denen die ödipale Hemmung wegfällt. Da wie dort ist natürlich eine Dissoziierung zwischen Liebe und Sexualität gegeben — das einemal liegt Liebe ohne Sexualität, das anderemal Sexualität ohne Liebe vor. Es erübrigt sich, darauf hinzuweisen, daß durch solche Verhaltensstörungen (die oft genug noch durch eine falsche, antisexuelle Erziehung gefördert werden — siehe nächstes Kapitel) unendliches Unheil für den Beteiligten heraufbeschworen wird.

Angesichts der Zunahme der Neurose in unserer Zeit ist hier zweifelsfrei eine der Hauptursachen für die Scheidung so vieler Ehen gegeben. Wenn schon die Partnerwahl den Gesetzen der Neurose gehorcht und dann später die Partnerbeziehung durch neurotische Ambivalenz bestimmt erscheint, kann es nicht wundernehmen, wenn die Ehe in der Substanz und schließlich auch in ihrem äußeren Erscheinungsbild Schiffbruch erleidet. (Oft fällt die Wahl des Neurotikers schon a priori auf einen Neurotiker, weil solche Menschen aus begreiflichen Gründen aufeinander eine ungeheure Anziehungskraft ausüben — aber auch wenn der Partner ursprünglich nicht neurotisch ist, wird er mit der Zeit neurotisch reagieren müssen, denn Ambivalenz ruft, wie schon früher betont, Ambivalenz hervor.)

Homosexualität

Auch sie ist ein Musterbeispiel für eine sexuelle Symptomatik, hinter der sich in Wirklichkeit eine Persönlichkeitsstörung verbirgt. Die Fixierung an den entgegengesetztgeschlechtlichen Elternteil, die das Wesen des Ödipuskomplexes ausmacht, verhindert weitgehend die Identifizierung mit dem gleichgeschlechtlichen; diese aber wieder ist Voraussetzung für die psychologische Bejahung der durch die Geburt anatomisch zugewiesenen Geschlechtsrolle, wie schon früher gezeigt. Bei Ausbleiben dieser Identifizierung werden Menschen heranwachsen, die innerlich, seelisch das gerade Gegenteil dessen sind, was sie nach außen zu sein scheinen. Gerade diese Menschen sind es nun, die infolge ihrer pathologischen neurotischen Struktur für die Homosexualität anfällig sind (wobei natürlich Verführung eine zusätzliche prägende Rolle spielen kann). Denn nur oberflächlich gesehen ist der homosexuelle Kontakt der Verkehr zwischen zwei Menschen gleichen Geschlechtes, in Wirklichkeit spielt einer von ihnen die Rolle des anderen Geschlechtes.

Das Problem der Homosexualität ist ein sehr komplexes, und es soll hier keineswegs behauptet werden, daß jede Homosexualität auf einer Neurotisierung in der ödipalen Phase beruht. Aber andererseits ist es wiederum unbedingt notwendig, daß man über diese Möglichkeit informiert ist, die natürlich auch gewisse psychotherapeutische Chancen eröffnet, vorausgesetzt, daß der betroffene Mensch unter seiner homophilen Neigung leidet. Wie immer man aber auch die Homosexualität sieht, eines sollte feststehen: Keine Erklärung ihrer Kausalität berechtigt zu irgendeiner Herabsetzung des homosexuellen Menschen.

Um es noch einmal zu betonen: Es ist ganz entscheidend, daß die ersten Symptome kindlicher Neurotisierung nicht übersehen werden. Natürlich: Neurotisierte Kinder sind schwierige Kinder, und es gibt nicht wenige Eltern, die böse darüber sind, statt zu begreifen, daß Kinder, die Schwierigkeiten machen, Schwierigkeiten haben und gerade der junge neurotische Mensch vielleicht dann am meisten Liebe braucht, wenn er sie auf Grund seines Verhaltens am wenigsten zu verdienen scheint.

In welcher Weise kann nun geholfen werden, wenn man durch die Beachtung der beschriebenen Symptome die Neurose des Kindes entdeckt hat? In doppelter Hinsicht: einmal kann das erkrankte Kind in eine psychische Behandlung genommen werden, die sich natürlich grundsätzlich von der Psychotherapie eines Erwachsenen unterscheidet. Hier wird es vor allem darum gehen, die zurückgedrängten Aggressionen im Spiel zur Darstellung und dann zur Abreaktion zu bringen. Zum zweiten aber wird man darüber hinaus das Augenmerk jener Situation zuwenden, deren chronische Einwirkung die Neurose verursacht hat. Erst wenn es gelungen ist, diese Situation zu ändern (also das Verhalten der Umgebung, insbesondere der Eltern), wird die Gefahr für eine neuerliche Neurotisierung des Kindes halbwegs gebannt sein. Mit Recht sagt BIERMANN: „Je jünger ein Kind ist, desto mehr verlagert sich die Therapie auf die Seite der Eltern, insbesondere der Mutter, im Sinne einer Therapie des Kindes über die Mutter." Das Prinzip, daß zu einer wirksamen Neurosenbehandlung nicht nur die Therapie des Patienten, sondern auch die seiner nächsten Angehörigen (unter denen sich oft noch intensiver neurotisch Erkrankte finden) gehört, beginnt sich heute im übrigen auch bei der Neurosentherapie Erwachsener unter dem Schlagwort „Familientherapie" immer mehr durchzusetzen. — Nochmals sei aber daran erinnert, wie unvergleichlich leichter und einfacher es ist, die Neurose des Kindes, die sich noch gleichsam in statu nascendi befindet, zu entschärfen.

Verhängnisvollerweise, wie man sagen möchte, kommt es wiederholt vor, daß die neurotische Symptomatik des Kindes ganz ohne Behandlung, gleichsam von selber, wieder verschwindet: Man kann sich dann der Täuschung hingeben, daß damit die Neurose endgültig beseitigt ist. In Wirklichkeit geschieht aber folgendes: Die neurotische Symptomatik tritt dort, wo der neurotische Konflikt nicht beseitigt wurde, nur für eine gewisse Zeit in den Hintergrund. Später, etwa ab der Pubertät (die auch in ihrer diesbezüglichen Rolle nicht unterschätzt werden darf) und insbesondere beim Erwachsenen wird durch ein auslösendes Trauma der frühkindliche neurotische Konflikt wieder aktiviert und damit die neurotische Symptomatik wieder in Gang gebracht: Jetzt bricht die Neurose des Erwachsenen mit voller Wucht aus. Es werden insbesondere solche Erlebnisse zur Wiederbelebung des frühkindlichen Konfliktes führen (somit also zum auslösenden Faktor werden), die den durch die frühkindliche Entwicklung gegebenen wunden Punkt dieser Persönlichkeit berühren (wir sagen daher auch, daß der auslösende Faktor zur vorangegangenen psychodynamischen Persönlichkeitsentwicklung passen muß „wie der Schlüssel zum Schloß").

Ist die Neurotisierung des Kindes nicht therapeutisch beseitigt worden, bleibt es somit nur eine Frage der Zeit, bis der „passende" auslösende Faktor den frühkindlichen Konflikt wieder aktiviert und damit die Neurose des Erwachsenen ins Rollen bringt, auf deren schlimme Folgen schon hingewiesen worden ist.

V.

DIE KINDLICHE SEXUALITÄT

Was man zuerst einmal wissen und akzeptieren muß, ist, daß es nämlich eine kindliche Sexualität *gibt*. Noch immer herrscht in weiten Kreisen die Vorstellung, daß die Kinder „engelsgleiche Wesen" seien; sie mit „schmutzigen" Trieben, insbesondere mit der Sexualität, in Verbindung zu bringen, wird dort fast als „Verbrechen" bezeichnet. Es ist dies eine Rückkehr in das vorige Jahrhundert, wo die Kindheit als asexuelle Zeit galt, wo man an die „glückliche Unschuld" der ersten Lebensjahre glaubte, eventuelle Spuren von kindlichem Sexualinteresse als ein Symptom schwerer Abnormalität auffaßte. Die Wirklichkeit sieht aber seit den psychoanalytischen Entdeckungen ganz anders aus, und ANNA FREUD hat es so ausgedrückt:

> „Das junge Kind, seinen Triebwünschen ausgeliefert, ist ein primitives, unzivilisiertes Wesen. Es ist unsauber und aggressiv, selbstsüchtig und rücksichtslos, unbescheiden und neugierig, unersättlich und zerstörerisch. Unfähig zur Selbstkontrolle und ohne Kenntnis der Außenwelt, um seine Handlungen daran zu orientieren, hat es als innere, richtunggebende Kraft nur den Drang zur Lustsuche und Unlustvermeidung."

Vielleicht klingen diese Ausführungen manchen (auch mir) etwas übertrieben; dennoch sollte man daraus entnehmen, wie sehr das Kind seinen Trieben ausgesetzt ist und daher für diese Situation ein großes Verständnis entwickelt.

Zu den Trieben nun, mit denen sich das Kleinkind „herumschlagen" muß, gehört außer Zweifel auch die Sexualität, die freilich in einer ganz anderen, eben infantilen Form in Erscheinung tritt als beim Erwachsenen, nicht zuletzt deswegen, weil sie ja noch nicht im Dienste der Fortpflanzung steht. So erlebt das Kind vom Anfang der Saugtätigkeit an durch den Milchstrom eine lustvolle Stimulierung der Mundschleimhaut, und dies so intensiv, daß es diesen Genuß durch das Lutschen aller möglichen anderen Gegenstände zu reproduzieren versucht.

Später, beim Übergang von der oralen zur analen Phase, wird der Bereich des Afters als neue erogene Zone entdeckt und in den Mittelpunkt der Aufmerksamkeit und auch des Spielens gestellt (Schmieren mit Kot und kotähnlichen Substanzen). In einer dritten Phase gilt die Zuwendung des Kindes dem Genitalbereich selbst, und seine Berührung erzeugt Lust. Man sollte vielleicht hinzufügen, daß von Anbeginn an auch die Haut ein Organ darstellt, dessen liebevolle Berührung mit erotischen Gefühlen verbunden ist.

Es gibt zwei eindrucksvolle, nicht zu widerlegende Beweise für die Richtigkeit dieser psychoanalytischen Entdeckungen bezüglich der kindlichen Sexualität: Beim Erwachsenen spielen alle diese kindlichen „erogenen Zonen" eine wichtige Rolle als Vorbereitung oder Begleitung des Coitus; unter krankhaften Bedingungen (Regression in die Kindheit) treten sie als „Perversion" an die Stelle des normalen Sexualverkehrs.

Es ist Aufgabe der Eltern, dieses vielfältige, triebmäßige „Rohmaterial" durch eine gute Erziehung so umzuformen, daß es in unsere zivilisierte Welt eingebaut werden kann. Hier beginnen aber schon die katastrophalen Mißverständnisse, denn viele Erwachsene fassen die kindlichen Triebe als „Unart" auf, die man dem jungen Erdenbürger so rasch wie möglich und mit aller Härte sowie Brutalität abgewöhnen müsse. So werden die oralen Wünsche als „Gier", die analen Spiele als „Unsauberkeit", die sexuelle Neugier als „Schamlosigkeit" interpretiert, die es allesamt schleunigst abzustellen gelte („Das werde ich dir schon noch austreiben"). Selbstverständlich muß die Wandlung vom Lust- zum Realitätsprinzip vollzogen werden, aber sie muß begleitet sein von zwei entscheidenden Verhaltensweisen: Geduld und Liebe.

Ebenso wie es falsch wäre, in mißverstandener „Verwöhnung" dem Kind die Schwierigkeiten der Anpassung durch ungehindertes, andauerndes Auslebenlassen seiner Impulse zu ersparen, ebenso falsch wäre es, das Tempo des Anpassungsprozesses unnatürlich zu beschleunigen. *Damit ein Kind einen Triebwunsch schließlich aufgibt, muß es ihn zuerst einmal eine gewisse Zeit ausleben haben dürfen.* Unter uns gehen so viele Menschen umher mit der Sehnsucht, etwas, was sie in der Kindheit versäumen mußten, endlich einmal nachholen zu können — sie sind die Opfer von Eltern, die glaubten, es einer „guten Erziehung" schuldig zu sein, solche „üblen Verhaltensweisen" beim Kind gar nicht erst „einreißen" lassen zu dürfen, weil sie sich das Kind dann nie abgewöhnen werde: Hier spielt natürlich auch die bereits beschriebene „Verteufelung" der kindlichen Triebwünsche eine entscheidende Rolle. Neben der Geduld ist die Liebe bei diesem Prozeß ganz wichtig, ja sogar das wichtigste, denn die liebenden Eltern werden sicher auch geduldig sein. Das Kind muß ja Triebwünsche aufgeben; die Eltern wünschen es. Das Kind ist in diesem Kampfe natürlich der Schwächere. Es will ja die Liebe der Eltern um keinen Preis verlieren; also wird es sich fügen. Umso wichtiger aber ist es, daß es intensiv spürt, *dafür auch die Liebe der Eltern zu bekommen.* Unter solchen Umständen — aber auch *nur* unter diesen — wird sich jener Prozeß abspielen, den wir als Sublimierung bezeichnen, d. h. die ursprünglichen primitiven Triebwünsche werden allmählich höheren Zielen zugewendet.

ANNA FREUD schreibt in diesem Zusammenhang:

„Viele der frühen Freuden des Kindes — wie das Spielen und Schmieren mit Fäzes, das Zeigen des nackten Körpers, das Herausfinden sexueller Geheimnisse — können auf Bereiche umgelenkt werden, die den ursprünglichen ähnlich, aber für die Außenwelt akzeptabel sind. Im Malen und Kneten z. B. kann viel von der alten Lust am Schmieren wiederaufleben; die Zurschaustellung von Kleidern, von Körper- oder Verstandesleistungen ist kaum weniger befriedigend als reiner Exhibitionismus; die Neugier für sexuelle Geheimnisse kann sich in allgemeinen Wissensdurst verwandeln und ein Gutteil ihrer Lustqualität an das Lernen abgeben."

Mit anderen Worten: Durch die Annahme der frühkindlichen Triebtendenzen wird ein Gutteil der *kreativen Fähigkeiten* gefördert; ihre frühzeitige Unterdrückung behindert sie oft ein ganzes Leben lang.

Es kann in diesem Zusammenhang nicht nachdrücklich genug auf den Unterschied zwischen Sublimierung (als Folge einer liebevollen und geduldigen Erziehung) und Unterdrückung (als Folge einer befangenen und lieblosen Erziehung) der kindlichen primitiven Triebtendenzen hingewiesen werden. Wo eine Triebregung unterdrückt wird, niemals ausgelebt werden darf, ins Unbewußte verdrängt werden muß, bleibt der ihr innewohnende Betrag an *Energie* im Unbewußten *blockiert* und ist für die Weiterverwendung verloren. Wenn die Sublimierung hingegen gelingt, wird deren Triebkraft von dem ursprünglichen Ziel abgelöst und auf soziale Aktivitäten gerichtet, „die zu erwerben dann mühelos, die auszuüben nicht lästig, sondern erfreulich ist" (ANNA FREUD).

Wir sehen also: Die Sexualität ist im Leben des Kindes nicht nur eine Realität, sondern mehr noch, ihre Kenntnisse und richtige Handhabung werden eine große Rolle spielen nicht nur für die Sexualität des Erwachsenen, sondern auch für sein gesamtes menschliches Verhalten.

Wir haben aus dem bisher Angeführten gesehen, daß es vor allem zwei Faktoren sind, welche die gesunde Entwicklung der Sexualität während der Kindheit bedrohen: die Ungeduld der Eltern und die Befangenheit der Eltern gegenüber dem sexuellen Bereich.

a) Die Ungeduld

Das Kind braucht nicht nur die Zeit der Eltern, sondern die Eltern müssen ihm auch Zeit lassen, sich zu entwickeln. Wir leben in einer raschlebigen Zeit, und viele Eltern sind davon so infiziert, daß ihnen die Entwicklung der Nachkommen viel zu langsam vonstatten geht. Demgegenüber muß mit Nachdruck gesagt werden: Die Kindheit ist *keine bloße Vorbereitungszeit,* sie ist kein „Durchgangsstadium", sondern sie ist *ein Wert für sich*. „O selig, o selig, ein Kind noch zu sein", und wehe denen, die ihre Kinder um diese kostbare Zeit betrügen, die sich nie mehr einstellt, wir mögen noch so sehr danach suchen; die schon immer auf der Lauer sind: Was wird mein Kind morgen Neues können, und darüber das Heute übersehen und damit sich und dem Kind das Glück des Augenblicks rauben!

b) Befangenheit gegenüber der Sexualität

Es gibt eben Eltern, die auf Grund ihrer eigenen Erziehung dem ganzen sexuellen Bereich befangen gegenüberstehen, etwa unter der Devise: Das sieht man nicht, darüber spricht man nicht, das ist alles peinlich und unanständig. Das bekannte Wort „Der Geist ist willig, aber das Fleisch ist schwach" wird von diesen Menschen mißdeutet und mißbraucht, um daraus eine Verachtung alles Körperlichen und Fleischlichen abzuleiten. Es gibt keine positive Beziehung zum Selbst, die nicht über die *lustvolle Entdeckung des eigenen Körpers* abläuft. Wer sie aus Leibfeindlichkeit unterbindet, der behindert daher die gesamte menschliche Persönlichkeitsentwicklung. Die Erschwerung der Entdeckung des eigenen Körpers bezieht sich da ganz besonders auf den Bereich der Sexualität. Es wird in diesem Zusammenhang immer noch vieles getan, um das Kind ganz besonders von der Entdeckung der „sexuellen Regionen", die dann unter besondere Verbote gestellt sind, fernzuhalten. Diese Verbote bewirken allerdings — wie sehr viele andere Verbote auch sonst —, daß das Verbotene einen besonderen Anreiz bekommt, wodurch die unbefangene und natürliche Einstellung gestört wird.

Wir wollen nun zu den Symptomen kommen, die man als sexuellen Ausdruck einer stattgehabten Neurotisierung bezeichnen könnte. Daß solche Symptome schon in der analen Zeit und dann natürlich ganz besonders in der ödipalen Periode auftreten können, wurde bereits im vorigen Kapitel betont. Bevor ich aber zu den näheren Einzelheiten komme, noch eine Klarstellung: einen isolierten, nur organisch-libidinös determinierten Trieb gibt es nicht, sondern man betrachte sie zusammen mit dem ganzen Menschen als eine Ausdrucksform der Person, und diese Tatsache gilt in gewissem Sinne bereits für das Kind. Das bedeutet also, daß es etwas *allein* Sexuelles beim Menschen prinzipiell nicht gibt. Die Sexualität, in welcher Form sie auch in Erscheinung treten mag, ist immer im Rahmen der gesamten Persönlichkeit zu betrachten. Wenn also eine sexuelle Störung vorliegt, so bedeutet dies schon auch beim Kinde, daß eine Störung im Menschen besteht und die Sexualität dazu benützt wird, diese Störung auszudrücken.

Und nun noch etwas Grundsätzliches, was man nie vergessen sollte: Der Ausdruck der sexuellen Neugier in seinen verschiedenen Formen, wie also etwa Inspektion und spielerisches Betasten der Sexualorgane, ist noch keineswegs als neurotisches Symptom zu werten. Dasselbe gilt für das höchst gespannte Interesse, das Kinder ab dem dritten Lebensjahr für die Entdeckung des anderen Geschlechtes entwickeln. In späteren Jahren wird zu keinem anderen Zweck „Doktor" gespielt, um eben solche Entdeckungsreisen durchführen zu können; das ist alles normal! Die Neurose beginnt erst dort, wo ein bestimmtes sexuelles Verhalten chronisch fixiert und mit einem gewissen Protest gegen die Erwachsenen (siehe 2. Kapitel) verbunden ist.

Was nun die Symptome betrifft, so ist wohl an das gehäufte Spielen mit den Sexualorganen oder an frühzeitiges wiederholtes Onanieren zu denken. Beides kann, wie schon gesagt, in einem solchen Fall als Ausdruck eines unbewußten Protestes oder als Versuch, neurotische Angst und Spannung abzureagieren, verstanden werden. Gänzlich falsch ist es daher, solche neurotischen Manifestationen durch Ermahnungen oder Intensivierung des Willens zu bekämpfen, weil man damit ja nur eine oberflächliche „Verhaltenstherapie" durchführt, ohne an die eigentliche Ursache heranzukommen. Dasselbe gilt für den bekannten Satz: „Hände über die Decke", der im übrigen fast eine hundertprozentige Garantie dafür darstellt, daß die Hände *nicht* über der Decke bleiben.

Ganz schlimm ist es, diese neurotischen sexuellen Symptome unter die Drohung gefährlicher Folgen für die Gesundheit zu stellen. So konnte man früher in vielen, vor allem religiös orientierten, Büchern lesen, daß Selbstbefriedigung etwa zu „Ausdörren des Rückenmarkes" führe, obwohl längst bekannt war, daß Onanie so wenig gesundheitsschädlich ist wie normaler Sexualverkehr. Fast alle Menschen aber, die Selbstbefriedigung betreiben, haben ein Schuldgefühl, nicht zuletzt, weil sie spüren, etwas Unnatürliches zu tun. Dieses Schuldgefühl aber macht sie geneigt, an eine Bestrafung zu glauben — die Ankündigung schrecklicher Folgen wird dann zu „Wasser auf ihren Mühlen" und dementsprechend nur allzu leicht geglaubt.

Alle diese falschen Verhaltensweisen aber im Umgang mit der Selbstbefriedigung zeigen, wie sehr es darauf ankommt, daß die Eltern gegenüber diesem Problem eine natürliche und nicht befangene Einstellung haben. Einer meiner Lehrer, KAUDERS, pflegte immer wieder zu sagen: „Wenn du wissen willst, ob einer ein Lügner ist, frage ihn, ob er jemals Selbstbefriedigung betrieben habe. Verneint er es, dann ist er sicherlich ein Schwindler." In diesem Sinne muß daran erinnert werden, daß die Selbstbefriedigung eben auch in jeder normalen Entwicklung beim jungen Menschen ein Durchgangssyndrom ist, welches aufgegeben wird in jenem Moment, wo der normale Sexualverkehr zu seinem Recht kommt. Erst wenn auch dann die Onanie anhält, ist das ein Alarmsignal.

Wir müssen in diesem Zusammenhang verstehen, daß gerade die Verteufelung der Selbstbefriedigung schon in der Kindheit einen wesentlichen Beitrag zu ihrer späteren Fixierung leisten kann. Die Devise müßte also lauten: verständnisvolles Einfühlen, Vermeidung von Angsterzeugung und von Schuldgefühlen, keine pathologische Überbewertung dieser Vorgänge. Und in dem Falle, daß es sich bereits um eine neurotische Symptomatik handelt, Eingehen auf die Probleme des Kindes, die dahinterstehen können.

Für die anale Zeit ist ferner charakteristisch, daß es hier besonders leicht zu dem kommt, was Freud die *neurotische Koppelung der Partialtriebe* genannt hat. Wir haben schon in der oralen Periode ein erstes Beispiel dafür kennengelernt, wenn wir die Verbindung zwischen Eßtrieb und Aggression berücksichtigen, die dort eintreten kann (sowohl Nahrungsverweigerung als auch Fresserei können aggressive Handlungen sein). Hier, im analen Abschnitt, droht die neurotische Koppelung aggressiver und sexueller Impulse, wie sie besonders in der *sadistischen (Fremdaggression)* und *masochistischen (Selbstaggression) Tendenz* symptomatisch zum Ausdruck kommt.

Die späteren Folgen dieser Koppelung können aber darin bestehen, daß sexuelle Befriedigung *nur* unter sadistischen bzw. masochistischen Phantasien oder Handlungen zustandekommt. Ich habe einmal eine Patientin behandelt, die in diesem Sinne masochistisch fixiert war. In der Analyse zeigte es sich, daß sie von ihrem Vater fast täglich geschlagen worden war. Sie fügte hinzu: „Und doch lernte ich diese Schläge lieben, weil sie die einzige ‚Zuwendung' waren, die mir mein Vater zuteil werden ließ."

Um die Bedeutung einer gesunden sexuellen Erziehung in der Kindheit noch einmal zu unterstreichen, möchte ich dieses Kapitel zusammenfassend wie folgt beschließen: Wer durch eine spezifische puritanische und prüde Erziehung dafür sorgt, daß sein Kind sexuell gehemmt und verklemmt wird, so daß es später auf diesem so wichtigen Gebiet zum „Außenseiter" wird und weder mit anderen kommunizieren kann noch „genußfähig" wird, der leistet einen wesentlichen Beitrag zur steten Verringerung der Lebensqualität. Aber leider ist bis heute für viele Erzieher das bloße Wort „Genuß" ebenso wie „Lust" tabu; es darf nicht einmal ausgesprochen werden, obwohl Sexualität ein entscheidendes Kommunikationsmittel darstellt (ein köstliches, ein Kommunikationsmittel, mit dem wir eine ungeheure Palette von Gefühlen ausdrücken, mit dem wir einen anderen Menschen und uns selber aufbauen, aber auch zerstören können).

Ein wesentlicher Gradmesser für die diesbezügliche Einstellung ist die Reaktion auf die ersten frühkindlichen sexuellen Empfindungen. Wo statt der Akzeptierung dieser natürlichen Regungen versucht wird, solche „Peinlichkeiten" zu unterdrücken, liegt „Seelenvergiftung" im Sinne von RENÉ SPITZ vor.
Was die weitere Entwicklung betrifft, bleibe ich bei meiner Feststellung, daß ich mein Kind nur in eine Schule schicken würde, wenn ich mich vorher davon überzeugt hätte, daß dort die Lehrkräfte der Sexualität gegenüber *nicht* befangen sind. Eine derartige Befangenheit — ich glaube, das Wort drückt am besten die Problematik aus — erzeugt „Behinderte ganz besonderer Art".
Im Falle einer anerzogenen Hemmung gegenüber der Sexualität tritt ja jener unbeschreiblich qualvolle Zustand ein, in dem eine bewußte oder zumindest unbewußte Sehnsucht nach Sexualität — ganz natürlicherweise — besteht, die aber überall auf Mauern des Verbotes stößt. Es erfüllt sich schließlich das Gesetz: Je intensiver ein Verbot, desto stärker die Sehnsucht. Diese unvermeidliche Eskalation des Konfliktes führt dann verständlicherweise zum Gefühl der Ausweglosigkeit. Wenn ganz allgemein der Satz gilt, daß die Bewältigung der Zukunft ganz wesentlich davon abhängen wird, ob es gelingt, eine lebensfrohe und -freudige neue Generation heranzuziehen, so bezieht sich das selbstverständlich auch auf eine neue Erziehung zur Unbefangenheit gegenüber der Sexualität, etwa unter dem Motto, mit dem HÖLDERLIN eine seiner schönsten Elegien beginnt: „Komm ins Offene, Freund."
Man hat FREUD vorgeworfen, er habe die Verdrängung der Sexualität deswegen bekämpft, damit der Mensch sich auf diesem Gebiet restlos ausleben könne. Nichts ist tückischer und dümmer als diese Verdrehung der Tatsachen. FREUD hat dies getan, damit der Mensch auch auf diesem Gebiet genußfreudig sein könne und gleichzeitig die Kontrolle über diesen Bereich nicht verliert, denn Bewußtes können wir kontrollieren, Unbewußtes nicht.

VI.

DAS PROBLEM
DER GEWISSENSERZIEHUNG

Daß die Gewissensstruktur für das Leben jedes Menschen von großer Bedeutung ist, kann als allgemeines Wissensgut bezeichnet werden. Wie groß aber die Verantwortung der Erzieher dabei ist, daß das Kind zwischen zwei Extremen einen gesunden Mittelweg einschlagen kann, das ist viel zu wenig bekannt.

„Was für ein gewissenloser Mensch", sagen wir manchmal mit vorwurfsvollem Ton, ohne zu bedenken, daß diese Gewissenlosigkeit auch das Resultat einer nicht stattgehabten Erziehung sein kann (aber nicht sein muß).

Betrachten wir ein Kind, das in den ersten Lebensjahren lieblos von Hand zu Hand, von Heim zu Heim gegangen ist, bei dem also der Tatbestand der sogenannten „frühkindlichen Verwahrlosung" vorliegt; wohl sind die Gesetze unserer Gesellschaft auch diesem Kinde übermittelt worden, aber lieblos, gleichsam sachlich-unpersönlich ist dies geschehen, nicht mit genügender Sorgfalt und außerdem von stets wechselnden Personen. Als Folge davon finden wir ein Kind, welches den mühsamen Weg der Menschheit und jedes einzelnen Individuums vom Lust- zum Realitätsprinzip nicht mitmacht, nur der eigenen Lustbefriedigung lebt, sich den sozialen Gesetzen nicht verpflichtet fühlt, nicht lieben kann, weil es nicht geliebt wurde, und nach dem Grundsatz handelt: Recht ist, was mir nützt. Es ist unschwer zu erkennen, daß dieses Kind ein mangelhaft entwickeltes Gewissen aufweist (eine solche Fehlentwicklung kann auch durch Eltern zustandekommen, die selbst asozial sind, also ein negatives Beispiel geben — dies selbst dann, wenn sie versuchen, rein formell dem Kinde soziale Gebote zu vermitteln: die Kinder durchschauen bald die Diskrepanz zwischen Worten und gelebten Taten der Eltern und protestieren frühzeitig durch Asozialität). Viele dieser unglücklichen Menschen sehen wir später im Gerichtssaal wieder und sind empört darüber, daß sie über ihre Taten „so gar keine Reue" zeigen, statt zu bedenken, daß sie ein solches Gefühl infolge eines weitgehend unterentwickelten Gewissens gar nicht aufbringen können. Es ist schon merkwürdig eingerichtet: Im Hörsaal einer psychiatrischen Klinik erkennen wir solche Persönlichkeiten als schwer krank, vor Gericht aber sind sie allein und voll für ihren Zustand verantwortlich, einem psychisch Gesunden praktisch gleichgesetzt.

Das Beispiel ermöglicht zwei Erkenntnisse:

a) Das Gewissen entsteht in der Kindheit durch Erziehung. Die Eltern und andere Autoritätspersonen tragen Gebote und Verbote an das Kind heran, die dann später von ihm übernommen werden. Die Stimme, die zuerst von außen tönt, wird langsam, in einem komplizierten Prozeß, introjiziert, d. h. in die eigene Person hineingenommen. Voraussetzung für diese Introjektion ist — das kann nicht oft genug betont werden —, daß zu denjenigen, die die Gebote aussprechen, eine positive emotionale Beziehung besteht (viele Erwachsene glauben leider, daß schon ihr „Großsein", ihre „Katheder-" oder „Kanzelposition" ausreicht, um die Akzeptierung und Übernahme der von ihnen ausgesprochenen Gebote zu garantieren — sie übersehen, daß dazu auch das Geliebtwerden nötig ist — eine Tatsache, auf die wir schon früher hingewiesen haben).

Ein überzeugender Beweis dafür, daß das Gewissen des Kindes ein Erziehungsprodukt ist, kann auch darin gefunden werden, daß die Gewissensinhalte von Kulturkreis zu Kulturkreis wesentlich differieren. Keinem Kinde ist zuzumuten, daß es andere Gewissensinhalte sein eigen nennt als die, die an es herangebracht worden sind.

b) Es gibt krankhafte Gewissensstrukturen, d. h. jeder

Mensch kann in seinem Gewissen krank sein: Hier ist sowohl das *mangelhaft* entwickelte Gewissen wie das *zu strenge* Gewissen anzuführen (und natürlich zwischen beiden Extremen ungezählte Nuancierungen). Unsere Einstellung zu diesen beiden Phänomenen ist vielfach falsch: Kranke mit unterentwickeltem Gewissen verurteilen wir als Verbrecher, die Anerziehung eines überstrengen Gewissens finden wir wünschenswert („das Gewissen kann gar nicht streng genug sein"!) — obwohl gerade ein solches Gewissen eine wesentliche Grundlage der neurotischen Persönlichkeitsstruktur darstellt.

Um keine Begriffsverwirrung aufkommen zu lassen, wollen wir, der Freudschen Terminologie folgend, das in der Kindheit durch Erziehung entstehende Gewissen als „Über-Ich" bezeichnen. Als Folge einer überstrengen Gebotsvermittlung kann es die nachstehend angeführten Kriterien aufweisen, die einerseits bereits Ausdruck einer Neurotisierung des Kindes sind, andererseits einen wesentlichen Beitrag zu einer Fortsetzung der Neurotisierung leisten können.

1. Ein zu strenges Über-Ich

Dabei wird man gleichsam von Verboten umzingelt und fühlt sich später von diesen überall behindert (ähnlich dem „Panther" von Rilke: „Ihm ist, als ob es tausend Stäbe gäbe, und hinter tausend Stäben keine Welt"). Es wird immer wieder übersehen, ein wie qualvolles Dasein aus einer solchen Gewissenserkrankung resultiert — auch das im Zusammenhang mit dieser Fehlerziehung bewußt oder unbewußt wirksame Motiv: „Ich will einen Menschen heranbilden, der nicht moralisch versagt, ja möglichst gar nicht versagen kann", darf als Entschuldigung *nicht* akzeptiert werden, denn es bleibt ein wesentliches Kriterium menschlicher Existenz, immer und überall vor die Entscheidung zwischen Gut und Böse gestellt zu sein — sie praktisch durch Verunmöglichung der Sünde aufheben zu wollen, bedeutet also eine „Unmenschlichkeit" im tiefsten Sinn des Wortes!

Wer die früheren Kapitel aufmerksam studiert hat, der wird nun gut verstehen, wie aus einem zu strengen Gewissen die Gefahr immer weiter fortschreitender Neurotisierung entsteht.

Wir haben bereits gesehen, daß die ersten Verdrängungen des Kindes gleichsam automatisch zustandekommen, weil negative Empfindungen gegenüber den Eltern für das kleine Lebewesen nicht bewußtseinsfähig sind. Später aber, wenn es bereits ein Gewissen hat, kann sich die Neurose dadurch verstärken, daß bei einem Aufeinanderprallen von Trieb- und Gewissensforderungen die ersteren fortgesetzt verdrängt werden.

Je strenger nun die Gewissensstruktur, desto mehr Triebwünsche sind verboten (wir haben es am Beispiel unserer Patientin mit der irrationalen Angst vor dem ehelichen Sexualverkehr im 1. Kapitel gesehen — bei ihr lag seit der Kindheit ein überstrenges Gewissen bezüglich der Gehorsamspflicht gegenüber den Eltern vor: in diesem Sinne war also diese Patientin auch bereits in den ersten Lebensjahren neurotisiert worden; was auf den ersten Blick wie eine bloße neurotische Reaktion aussieht, entpuppt sich bei tieferem Einblick oft genug als echte Neurose), *desto häufiger treten somit Konflikte auf, bei denen die Versuchung groß ist, sie durch Verdrängung zu lösen;* am Ende einer solchen Entwicklung dürfen wir uns nicht wundern, daß eine direkte Korrelation zwischen dem Ausmaß der Strenge des Gewissens und dem Ausmaß der Verdrängungen eingetreten ist. Eine verhängnisvolle Förderung eines solchen überstrengen neurotischen Gewissens stellt im Rahmen einer religiös orientierten Erziehung (siehe auch das nächste Kapitel) der fatale Begriff der „Gedankensünde" dar. Wenn schon die geringste *gedankliche* Beschäftigung mit einer gewissensmäßig verbotenen Triebtendenz nicht erlaubt ist, wird die Verdrängung als Lösung des Konfliktes nicht nur nahegelegt, sondern direkt provoziert.

2. Ein zu enges Über-Ich

In seinem Rahmen kommt es zur Verschiebung des Stellenwertes einzelner Gebote dahingehend, daß bestimmte Gewissensforderungen eine unnatürliche, ihnen nicht zukommende Bedeutung erlangen, zu Schlüsselpositionen aufrücken, die alle anderen gleichsam in den Schatten stellen. Diese Über-Ich-Störung, die, wie auch alle anderen, sehr eng vergesellschaftet ist mit einer neurotisierenden Erziehung in der analen Periode (siehe früher) wirkt sich ganz besonders im sexuellen Bereich aus.

An dieser Stelle finden wir dementsprechend einen Übergang zum vorigen Kapitel. Wenn infolge einer falschen Einstellung der Eltern von Anfang an eine Verteufelung der Sexualität stattfindet, welche die peinliche und unbarmherzige Beherrschung aller sexuellen Wünsche zur Hauptaufgabe werden läßt, werden demgegenüber automatisch alle anderen Forderungen an Bedeutung verlieren. Solche Menschen, für die oft genug das sechste zum ersten und einzigen Gebot wird, sind parallel zu dieser Wertverschiebung, als logische Konsequenz derselben, durch eine Denaturierung, durch eine Verwandlung ihrer lebendigen Gestaltungsmöglichkeiten in eine formalistische, zwanghafte Pedanterie gekennzeichnet (an die Stelle des Geistes tritt der Buchstabe des Gesetzes). Gerade das zu enge Über-Ich weist auf die Gefahr der Übertragung eines kranken Gewissens von einer Generation auf die andere hin: denn jeder Mensch hat automatisch die Tendenz, seine eigenen unnatürlichen Befangenheiten einem bestimmten Gebiet gegenüber in die Erziehung der Kinder einzubauen. Nicht nur für den einzelnen aber ist hier eine große Verantwortung gegeben (die Erziehung einer gesunden Generation setzt Selbsterkenntnis voraus), sondern auch für alle Institutionen, die das Recht in Anspruch nehmen, Maxime einer Edukation als allgemeingültig auszuarbeiten und vorzuschreiben.

Es muß an dieser Stelle erwähnt werden, daß das zu strenge und zu enge Über-Ich die Voraussetzung einer besonderen, äußerst schwierigen Neuroseform darstellt, nämlich der Zwangsneurose. Ein solches Über-Ich sieht überall Unerlaubtes und entwickelt verstärkt bei der geringsten „Verfehlung" die Schuldgefühle. Diese sind mit Angst vergesellschaftet, und diese Angst wird in Zwängen (Zwangshandlungen, Zwangsgedanken, Zwangsimpulsen) verarbeitet bzw. abreagiert. Vielfach kann man schon beim Kind eine gewisse Tendenz zu solchen Zwängen wahrnehmen, und sie rechtzeitig zu entdecken, wäre sehr wichtig, denn mit jedem Jahr, in dem sich ein Zwang länger etablieren kann, wird seine therapeutische Beseitigung mühsamer.

3. Ein starres Über-Ich

Eine normale, gesunde Persönlichkeitsentwicklung ist dadurch gekennzeichnet, daß allmählich an die Stelle des in der Kindheit anerzogenen Über-Ichs das tritt, was man mit Caruso als „personales Gewissen" bezeichnen kann. Es kommt dadurch zustande, daß sich der Mensch mit allen Gewissensinhalten, die ihm in der Kindheit vermittelt wurden, auseinanderzusetzen beginnt. Punkt für Punkt muß dabei geprüft werden, etwa unter der Devise des Titels eines Dramas von Pirandello: „So ist es — ist es so?" Im Rahmen dieses Prozesses darf kein „Vorurteil", kein „Dressat" (= kritiklos übernommenes Erziehungsprodukt im Sinne Künkels) ungeschont bleiben, denn ihre weitere Existenz ermöglicht die „Verdummung" (Mitscherlich) und erhöhte Manipulierbarkeit. Die Grundvoraussetzung, zu einem personalen Gewissen zu kommen, ist also das Ringen mit der von Eltern und Gesellschaft repräsentierten Wertwelt. Mit aller Deutlichkeit sei gesagt: Vom psychohygienischen Standpunkt aus kann nur der als gesund bezeichnet werden, der den Weg zu einem personalen Gewissen gefunden hat, oder mit anderen Worten: *das personale Gewissen ist eine Grundvoraussetzung für die seelische Gesundheit!*

Um keine Mißverständnisse aufkommen zu lassen: Die Forderungen des personalen Gewissens können nicht nur schwächer, „milder", sie können auf einzelnen Gebieten natürlich auch strenger, ernster sein als die des Über-Ichs der Kindheit. Daraus ergibt sich auch, daß personales Gewissen und Situationsethik keineswegs identisch sind, wie von denen behauptet wird, die aus reaktionärer Gesinnung die Entstehung eines personalen Gewissens um jeden Preis verhindern möchten. Hier sei nur soviel gesagt: Das gesunde Gewissen ist nicht starr, es ist elastisch — wandelbar, aber nicht im Sinne eines billigen situativen Nachgebens, sondern im Sinne einer gegebenen Möglichkeit, zu prüfen, sich auseinanderzusetzen, eines Nicht-automatisch-zwanghaft-reagieren-Müssens — und damit ist auch schon klargestellt, daß nur dort, wo personales Gewissen existiert, freie Entscheidung und daraus resultierende persönliche Verantwortung bestehen.

Unter psychohygienischen Aspekten wird man jedenfalls an der ständigen Weiterentwicklung des personalen Gewissens beim einzelnen und auch bei den Gemeinschaften interessiert bleiben; die Anpassung an die Realität, wie sie hier und heute besteht, mag aus Nützlichkeitsmotiven empfehlbar sein, zum entscheidenden Kriterium seelischer Gesundheit aber, als welches sie von der Psychoanalyse ursprünglich bezeichnet wurde, darf sie nicht gemacht werden, denn ohne Zweifel wird in unserer Realität vieles als unerlaubt bezeichnet, was absolut erlaubt sein kann, und ebenso umgekehrt vieles als erlaubt, was sich bei näherer Prüfung als unerlaubt herausstellt.

Eines steht jedenfalls fest: Schon die erste Gewissenserziehung beeinflußt durch ihre spezifische Art die Entscheidung darüber, ob spätere, *selbständige* Gewissensentwicklung möglich ist oder nicht. Es gibt kaum eine größere Sünde gegen den Geist einer gesunden psychischen Entwicklung des Menschen als den Versuch, ihm ein Über-Ich anzuerziehen, welches sich als nicht mehr entwicklungsfähig erweist, sondern in Erstarrung unveränderlich anhaltend, wie ein Fronvogt, ein „Fremdkörper" (Matussek), das Verhalten des Betreffenden diktiert

und ständige Reverenzbezeigungen ihm gegenüber erzwingt.
Halten wir nochmals die große Abhängigkeit des Kindes von den Eltern fest. Ihre Gebote werden ursprünglich nicht zuletzt deswegen von den Kindern übernommen, weil sie Angst haben, bei Nichtbefolgung die Liebe der Eltern zu verlieren. Eine Erziehung nun, die mit dieser Angst operiert — und sie damit verstärkt —, wird auch die blinde Gebotsbefolgung zur Verpflichtung machen, um das Aufkommen unerträglicher Angstpotentiale zu verhindern. Für solche Menschen wird dann oft für alle Zeit eine Gewissensentscheidung nicht das Problem besserer Einsicht bleiben, sondern zwanghaft beeinflußt sein von dem Wunsch, nur ja das Aufkommen von Angstaffekten zu vermeiden. Viele neurotische Patienten zeigen diesen tragischen Konflikt: sie sind verstandesmäßig bereits zu neuen Erkenntnissen gekommen, die einem personalen Gewissen entsprechen, fühlen sich aber aus infantiler Abhängigkeit, beherrscht von irrationalen Ängsten, außerstande, diesen Erkenntnissen gemäß zu handeln. Ein solches starres, nicht abschüttelbares Über-Ich wird vor allem zwei katastrophale Folgen haben:

a) Die Tendenz zu infantiler Abhängigkeit

Das starre Über-Ich wagt keine selbständige Entscheidung, bleibt immer auf die Identifikationsobjekte ausgerichtet, braucht die ständige Führung, Beratung, oft Gängelung durch sie oder ihre Substituten. Manchen Erziehern (jeder Art) ist es sympathisch, wenn die Leute zeitlebens gelaufen kommen und fragen: „Meister, darf ich jetzt tun, was ich tun will oder — was soll ich statt dessen tun?" Sie sollten sich aber dennoch im klaren sein, daß diese Menschen seelisch krank sind, unfähig, eine persönliche Verantwortung zu übernehmen, jederzeit bereit, andere für sich denken zu lassen.
Das folgende Beispiel von einer sehr religiös erzogenen Patientin mag da lehrreich sein: Im Verlauf der Psychotherapie

erzählt sie, daß der Mann und ihre drei Kinder mit ihrer eigenen Mutter zusammenleben müssen, nur weil diese, ohne jede zwingende Notwendigkeit, dies verlange — aus diesem Zusammensein dreier Generationen auf engem Raume ergäben sich unerträgliche Probleme. Die Sitzung nach dieser Eröffnung beginnt sie mit folgendem Satz: „Ich finde es einen Verstoß gegen das 4. Gebot, daß ich hier das letztemal meine Mutter kritisiert habe." Die Aufforderung des Psychotherapeuten: „Denken sie über Sinn und Inhalt des 4. Gebotes nach", beantwortet sie blitzschnell mit der Feststellung: „Das habe ich mich nie getraut, wo kämen wir hin, wenn wir über den Sinn der Gebote nachzudenken begännen?!" Hier ist die Nahtstelle, wo Abhängigkeitswunsch in Gehorsamsbereitschaft übergeht.

b) Die Tendenz zu blindem Gehorsam

Solche Menschen werden zu Befehlsempfängern, zu bedingungslosen Jasagern; die Autorität ist, ebenso wie einst die Eltern, unfehlbar (vergleiche den Song aus WEIGELS „Barabbas oder der 50. Geburtstag": „Mutter hat immer recht"), schon das Nachdenken über ihre Anordnungen wird, wie wir gesehen haben, zum Sakrileg, eine Diskussion darüber kommt nicht in Frage. Gerade dieses Jahrhundert hat in der bisher wohl erschütterndsten Form gezeigt, wohin ein solcher „Kadavergehorsam" führen kann, der jede eigene Stellungnahme ausschließt; es bleibt tragisch, daß sich viele Befehlsempfänger der nationalsozialistischen Zeit später darauf ausreden konnten, sie wären nur der von Gott eingesetzten Obrigkeit gehorsam gewesen, wie sie es (nicht zuletzt im Religionsunterricht) als verpflichtend gelernt hätten, und in Ausübung eines Eides, den sie im Namen Gottes ablegten (kaum einer sagte: abzulegen gezwungen wurden — denn diese Formulierung allein hätte klargestellt, daß hier kein echter Verpflichtungscharakter, durch den man sich entschuldigen könnte, vorlag). Aus diesem Beispiel ersieht man die Zweischneidigkeit aller Gehorsamsparolen im Sinne der Anerziehung eines starren Über-

Ichs: Man gibt sie aus, um Menschen zu erziehen, die der eigenen Idee blind gehorchen — darf sich aber dann nicht wundern, wenn diese Gehorsamsbereitschaft von den Betreffenden unter Umständen auch auf ein ganz andersartiges Regime übertragen wird.

In ihrem meisterhaften Aufsatz: „Wider den unchristlichen christlichen Gehorsam" schreibt Gisela Uellenberg: „Die Sprache bewahrt einen ursprünglicheren vorrationalen Wortsinn: Gehorchen kommt von Hören, auf jemand hören, das heißt sich angesprochen fühlen, dem Sprechenden zustimmen und ihm deshalb folgen. Höre meine Stimme, ist etwas anderes als: Ich befehle dir. Der, auf den ich höre, hat es nicht nötig, mir zu befehlen. Er hat mich durch das, was er tut und sagt, überzeugt. Etwas in mir bestätigt mir und ihm, daß er recht hat; deshalb will ich, was er will. Wer zum andern sagt: Höre meine Stimme!, stellt ihm frei, ob er hören will oder nicht; er behandelt ihn als mündigen Partner, dessen Zustimmung ihm wichtig ist, nicht als Sklaven, dessen Gehorsam ihn langweilen muß. Auch ein göttliches Höre mich! sucht Übereinstimmung mit dem Geschöpf, das nur als freies Geschöpf zur Partnerschaft mit dem Schöpfer fähig ist. Autorität, göttliche oder menschliche, verlangt nach dem, der hört, nicht nach dem, der gehorcht."

In tragischer Weise rechtfertigen späterhin die beiden beschriebenen, einander stets verstärkenden Tendenzen zu infantiler Abhängigkeit und zu blindem Gehorsam das Vorgehen der Autorität, die das starre Über-Ich erzogen hat. Die Betreffenden gewöhnen sich nämlich in einem solchen Ausmaß an das Geführt- und Manipuliertwerden, daß sie mit heftiger Angst reagieren, wenn sie zu selbständiger Stellungnahme und Entscheidung aufgerufen werden. So haben viele Menschen auf das Zweite Vatikanische Konzil und seine Aufforderung zu Dialog und eigener Meinungsbildung mit Panik geantwortet, aus dem Gefühl, wie sie es oft — auch gegenüber dem Psychiater — ausdrücken, als wäre ihnen über Nacht der Boden unter den Füßen weggezogen worden, da man ja „jetzt nicht mehr weiß, was richtig ist und was nicht". Solche Reaktionen sind dann natürlich Wasser auf die Mühlen aller Gegner des Fortschrittes und lassen sie triumphierend ausrufen: „Seht, sie sind eben noch nicht reif für Mündigkeit." Was sie dabei verschweigen, ist die Tatsache, daß diese Unmündigkeit das erwünschte Resultat einer bestimmten, absichtlich zu diesem Zweck angewandten, falschen Erziehungsmethode darstellt. Ein solches trauriges Erlebnis dann als Rechtfertigung für die Notwendigkeit der Fortsetzung eben dieser Methoden zu mißbrauchen, heißt, einem gefährlichen, in allen Gegenden und Lagern der Welt immer wieder benützten Kurzschluß erliegen.

Hier läßt sich auch nochmals die einzige Möglichkeit ableiten, die Entstehung und Fixierung eines starren Über-Ichs, woraus ungezählte unbeschreiblich leidende, gewissensmäßig „verkrüppelte" Menschen resultieren, zu verhindern: ein neues Erziehungssystem, bei den Eltern beginnend, sich in der Schule fortsetzend, beruhend auf: Kommunikation, In-Frage-Stellen, Diskussion, Förderung des selbständigen Denkens (manchmal sind „eigene Fehler" besser als „fremde Richtigkeiten") und der Übernahme von Eigenverantwortung — alle diese Vorgänge natürlich mit großer Geduld, der jeweiligen Altersstufe angepaßt. Einzelheiten dieses gewiß heiklen Fragenkomplexes können in diesem Rahmen freilich nicht erörtert werden, es wäre aber schon ein großer Erfolg, wenn sich jeder Leser zu eigenen Gedanken darüber angeregt fühlte, wie das kostbare Ziel, daß sich nämlich im heranwachsenden Menschen in steter Auseinandersetzung zwischen erlebter Vergangenheit (die auch die elterlichen Erfahrungen einbezieht) und innerer persönlicher Antwort eigenständige Maximen entwickeln, erreicht werden kann.

Ich möchte dieses Kapitel zum Abschluß bringen mit drei Bemerkungen:

1. In Österreich spricht man seit einiger Zeit von einem Begriff, der sich „vorauseilender Gehorsam" nennt. Er meint einen Zustand, bei dem die Vorgesetzten bestimmte Wünsche

und Befehle erst gar nicht aussprechen müssen, denn sie werden von den sogenannten „Untergebenen" auch so und gleichsam im vorhinein erfüllt. Dieses schlimme Verhalten geht zurück auf eine schädigende, neurotisierende Eltern-Kind-Situation: Auch da haben es die Kinder bald heraußen, womit sie sich das Wohlwollen und die Liebe der Eltern erhalten können, und dementsprechend lernen sie schon in dieser Zeit durch „vorauseilendes" untertäniges Verhalten, jeden Konflikt mit den Eltern wenn möglich zu vermeiden. In diesem Sinne muß auch darauf hingewiesen werden, daß immer wieder Gehorsam neben Höflichkeit und Sparsamkeit als das wichtigste Erziehungsziel in Österreich genannt wird. Diese einseitige Übertreibung hat gewöhnlich negative Folgen, denn entweder demütigt man sich dabei bis zur Selbstaufgabe, oder aber man lauert auf den Moment, wo man in schrecklicher Weise Rache nehmen kann. Es wäre daher von größter Bedeutung, allen Erziehungszielen den richtigen Stellenwert zuzuweisen und vor allem Freude, Glück, Entfaltung der menschlichen Persönlichkeit und selbständige Verantwortung dabei nicht zu vergessen.

2. Franz Jägerstätter verweigerte den Wehrdienst in Hitlers Heer in jeder Form und wurde deswegen am 9. 8. 1943 als 36jähriger Bauer und Vater dreier Kinder in Berlin enthauptet. Am Ursprung der Gewissensüberzeugung Jägerstätters, daß man für den Nationalsozialismus nicht in den Krieg ziehen dürfe, steht seine tiefe Persönlichkeitswandlung in der Zeit vor seiner Verheiratung, die ihn von einem lebenslustigen Raufbold und Mädchenjäger zu einem sich der Religion tief verpflichtet fühlenden Menschen werden ließ. Am Beginn seiner Gewissensentscheidung gegen Hitler aber findet sich ein gerade vom tiefenpsychologischen Standpunkt aus bedeutsamer Traum.

Er träumte von einem Eisenbahnzug, der um einen Berg fährt, alle Erwachsenen, ja sogar Kinder strömen zu diesem Zug. „Wie wenige Erwachsene es waren, die in selbiger Umgebung nicht mitfuhren, will ich am liebsten nicht sagen oder schreiben. Dann hörte ich im Traum auf einmal eine Stimme:

Dieser Zug fährt in die Hölle." Später „deutete" Jägerstätter den Traum wie folgt: „Anfangs war mir dieser fahrende Zug ziemlich rätselhaft, aber je länger die ganze Sache her ist, desto entschleierter wird mir auch dieser fahrende Zug. Und mir kommt es heute vor, als stellte dieses Bild nichts anderes dar als den damals hereinbrechenden oder sich anschleichenden Nationalsozialismus ... kurz gesagt, die ganze nationalsozialistische Volksgemeinschaft, alles, was für sie opfert und kämpft." Hier haben wir in klassischer Form die Entstehung einer persönlichen Einsicht dargestellt, die sich zuerst aus dem Unbewußten heraus im Traum kundtut und dann vom Bewußten in ihrer Bedeutung erkannt und akzeptiert wird. Auf dieser Basis formt in der Folge Jägerstätter sein personales Gewissen, welches ihm *nicht* erlaubt, Hitler in irgendeiner Form zu dienen oder ihm einen Eid zu leisten. Von nun an folgt er konsequent diesem Gewissen, ist nicht mehr „gehorsam", weder der Obrigkeit, die ihn zu den Waffen ruft, noch dem Diözesanbischof, der ihm unter Berufung auf das vielzitierte und immer wieder mißbrauchte: „Gebt Gott, was Gottes, und dem Kaiser, was des Kaisers ist!" ebenfalls das Einrücken als Pflicht darstellen will (hier wird die Problematik der Kirche, die sich mit dem Staat zu arrangieren trachtet, auch wenn er — wie es die Päpste selbst ausgesprochen hatten — unsittliche Prinzipien repräsentiert, besonders deutlich). Jägerstätter jedenfalls „arrangierte" sich nicht. Er erfüllte nicht seine „Pflicht", ja, ganz im Gegenteil, er erkannte, daß es seine Pflicht war, dies nicht zu tun. Den Generälen des Kriegsgerichtes, die ihn retten wollten und ihm daher beschwörend nahelegten, seine Weigerung zurückzunehmen, antwortete er: „Ich kann nicht. Wenn ich es tue, dann begehe ich noch eine Sünde mehr, die Sünde der Falschheit, die Sünde der Lüge. Gott hat mir die Gnade gegeben, die Wahrheit zu erkennen, es ist ein ungerechter, ein böser Krieg: ich will nicht mitschuldig werden an den Verbrechen, die geschehen."

Der „Fall Jägerstätter" zeigt also eindrucksvoll den Weg vom anerzogenen (und auch von der kirchlichen Autorität repräsentierten) Über-Ich zum personalen Gewissen. Im Zusammenhang mit der Intention dieses Buches geht es aber nicht so sehr darum, ob Jägerstätters Gewissensentscheidung richtig war (für mich steht dies fest, wir alle hätten so handeln müssen), sondern darum, daß in jedem Rahmen die Entwicklung eines personalen Gewissens gefördert und seine Entscheidung respektiert wird. Der zuständige Diözesanbischof hat lange Zeit Veröffentlichungen über den Fall Jägerstätter abgelehnt, weil es sich um einen Fall handle, der eher zu bewundern als nachzuahmen sei. Das tragische Ende Jägerstätters hätte aber verhindert werden können, wenn viele Menschen zur Entwicklung eines personalen Gewissens ermutigt worden wären und auch den Mut gefunden hätten, danach zu handeln; dann wäre nämlich Jägerstätter nicht allein gestanden. Vielleicht läßt sich aus solchen Zusamnmenhängen die Bedeutung des psychohygienischen Gebotes: „Forme dein personales Gewissen!" für den einzelnen und die Gemeinschaft noch stärker erahnen.

Die Aktualität dieses Problems geht aber noch aus einem anderen Grund hervor. Als es jetzt in Linz zur Diskussion stand, eine Straße, die nach einem Linzer Bürgermeister der nationalsozialistischen Zeit benannt war, der nachweislich an Volksgerichtsprozessen Anteil hatte, in „Franz-Jägerstätter-Straße" umzubenennen, zeitigten diese Bemühungen massive Widerstände. Zwar gelang es mit großer Mühe, den Namen des Bürgermeisters in der Versenkung verschwinden zu lassen, aber die „Jägerstätter"-Umbenennung wurde mit der Begründung abgelehnt, dieser Mann *sei kein* Vorbild gewesen, weil er seine politischen Überzeugungen *über das Wohl seiner Familie* gestellt hätte. Als Familienvater sei er nämlich verpflichtet gewesen, alles zu tun, um sich seiner Familie zu erhalten, und also hätte es sich bei seiner konsequenten Ablehnung gegenüber Hitler um eine sittlich nicht einwandfreie und nicht zu glorifizierende Haltung gehandelt. Diese aktuellen Zusammenhänge erweisen einmal mehr, wie diffizil und schwierig sich in einer Konfliktsituation die Entdeckung jenes Wertes erweist, der *an die Spitze* der eigenen Überlegungen zu stellen ist. Man kann nicht früh und verantwortungsvoll genug damit beginnen, diese vielleicht schwierigste selbständige Entwicklung des jungen Menschen zu fördern.

3. Wenn wir in der Zukunft auch nur annähernd Hoffnung auf die Erhaltung des Friedens haben wollen — der ja unglaublich gefährdet ist —, dann brauchen wir eine Schulung und eine Schule, die bereit ist, die Grenzen des Gehorsams aufzuzeigen. Freilich wird man sagen, die Eltern, die Schule, sie leben ja selber von der Autorität; sie werden nicht etwas lehren, was gegen die Autorität gerichtet ist, sich den Ast abschneiden, auf dem sie selbst sitzen. Und dennoch, das müßte gewagt werden, soll die Welt besser werden. Man müßte die persönliche Verantwortung im einzelnen wecken, auch wenn man selber einer ist, der dadurch Schwierigkeiten bekommt. In diesem Sinne möchte ich das Kapitel mit einem Gedicht meines Freundes ERICH FRIED beschließen, welches beweist, daß auch die, die blind gehorcht haben, eines Tages Symptome bekommen können, die ihnen zeigen, daß dieses Gehorchen im Grunde ganz und gar falsch, weil unsittlich, war:

Kriegsopfer

Ein Maurer, fünfundzwanzig Jahre nach dem Krieg,
beantragte eine Rente als Kriegsbeschädigter.
Seine Tochter habe vor kurzem ein Kind bekommen
und er leide seither
an einem Magengeschwür.

Auf die Frage,
wieso das als Kriegsbeschädigung gelten soll
erklärte der alternde Mann unumwunden
in Polen habe er dauernd kleine Kinder erschießen müssen
das sei Befehl gewesen
und habe ihm weiter nichts ausgemacht

Auch in den Jahren später
sei er gut darüber hinweggekommen,
keine Alpträume oder dergleichen,
aber jetzt sei das anders.

Jedes Mal, wenn er sein Enkelkind sehe
obwohl er es liebe
bekomme er heftige Magenkrämpfe
und müsse dann immerfort an damals denken
Es sei also klar,
daß er ein Kriegsopfer sei.

Dem Antrag des Mannes auf Rente
wurde nicht stattgegeben,
und der Arzt, der ihn untersuchte
gab ihm den Rat
er solle doch einfach
sein Enkelkind nicht mehr sehen.

VII.

GRUNDSÄTZE EINER GUTEN RELIGIÖSEN ERZIEHUNG

Dieses Kapitel schreibe ich, weil für viele Menschen die religiöse Erziehung ein wesentlicher Bestandteil der Menschenbildung ist und weil für mich persönlich die Beziehung zu Gott die wichtigste zu sein scheint, die es überhaupt gibt. Ich möchte aber ausdrücklich betonen, daß ich selbstverständlich auch großen Respekt vor jedem Menschen habe, dem die Religion nichts zu bedeuten vermag. Ich möchte versichern, daß, wenn ich hier von religiöser Erziehung spreche, damit nicht sagen will, man müsse religiös sein oder religiös erziehen. Jeder Ausschließlichkeitsanspruch in diesem Sinne ist mir zutiefst suspekt. Man kann auch ohne Religion moralisch sein, den Sinn des Lebens entdecken, verschiedene Leiden meistern und sich mit dem Tod in Versöhnung abfinden. Dennoch spricht auf der anderen Seite einiges dafür, daß in der Tiefe jeder menschlichen Seele eine Sehnsucht nach dem religiösen Bereich vorhanden ist, eben die transzendentale Dimension, die über die enge Spanne unseres Daseins hinausweist und die vielleicht deswegen angesprochen werden will bzw. soll. Für diesen Fall möchte ich die folgenden Gesichtspunkte knapp zusammengefaßt vorbringen:

1. Es ist an und für sich wichtig, Werte zu vermitteln, an die man selber glaubt: Dies gilt selbstverständlich auch für die religiösen Werte. Je mehr man begeistert für eine Sache erscheint, desto mehr hat man die Chance, diese Begeisterung anderen zu vermitteln — ein Faktum, welches jeder in Erinnerung an seine Schulzeit etwa nachprüfen kann. Der Ausspruch eines Vaters: „Ich glaube zwar an gar nichts, aber meinem Kinde werde

ich schon religiöse Werte vermitteln; vielleicht hat es es dann leichter im Leben" bedeutet daher, daß sich dieser Mensch eigentlich in eine sinnlose Bemühung eingelassen hat, denn das Kind vermag — worauf bereits mehrfach hingewiesen wurde — sehr wohl zwischen Sein und Schein zu unterscheiden. Es spürt, ob hinter den Äußerungen eines Menschen auch wirklich eine Überzeugung steht, und wenn dies nicht der Fall ist, wird die Ausstrahlungskraft einer solchen Botschaft gering sein. In einem solchen Falle wäre es viel besser, dem Kinde einzugestehen, daß man selbst an nichts glaubt, aber gleichzeitig die Großzügigkeit und Toleranz aufzubringen, das Kind immerhin mit religiösen Inhalten bekanntzumachen, denn es könnte ein Tag kommen, wo das Kind den Eltern Vorwürfe macht, über dieses wichtige Gebiet nicht informiert worden zu sein.

2. Es darf hier wiederholt werden, was schon in früheren Kapiteln bezüglich der Wertvermittlung gesagt worden ist, daß sie nämlich abhängig ist von einer guten Beziehung zwischen dem Vermittler und dem Empfänger. Es gehört zu den unverantwortlichen Hochmutssymptomen der Erwachsenen, daß sie vermeinen, man müßte ihnen auf alle Fälle glauben, folgen und nachfolgen. In Wirklichkeit ist dafür immer Voraussetzung, daß die „Autoritätspersonen" bejaht und geachtet werden. Pointiert gesagt sieht dies so aus: Wenn die Eltern-Kind-Beziehung von seiten des Kindes eine schlechte ist (ist gleich ambivalente), so ist es vom religiösen Standpunkt fast mehr zu wünschen, daß die Eltern *nicht* bemüht sind, sich dem Kinde gegenüber als sehr religiös zu zeigen: denn in einem solchen Falle wird die Ambivalenz des Kindes gegenüber den Eltern auch auf die verkündete Botschaft übertragen und die Betreffenden können sich später oft als Erwachsene nicht mehr von dieser Ambivalenz befreien. Wenn daher die Eltern hier über den religiösen Bereich schweigen würden, so besteht immerhin später noch für das Kind reichlich Gelegenheit, ohne befangene Voreingenommenheit dem religiösen Bereich zu begegnen.

3. Es muß von seiten der Eltern zumindest eine Übereinstimmung zwischen den verbal vermittelten und den vorgelebten Werten bestehen: Es darf somit unter gar keinen Umständen „Wasser gepredigt und Wein getrunken" werden. Die Aufnahmefähigkeit des Kindes ist enorm; es dürstet mit einer ungeheuren Neugier nach allem erstmals zu Erfahrendem, und erste Eindrücke haften sehr tief. Daß das Kind das am wenigsten täuschbare Lebewesen ist, daß es praktisch unmöglich erscheint, ihm etwas vorzumachen, wurde schon betont. Wie schrecklich ein Kind die Distanz zwischen Vorgabe und Wirklichkeit erlebt, und zwar nicht nur hinsichtlich der Eltern, sondern auch hinsichtlich Gottes, der ja für das Kind durch die Eltern repräsentiert wird, beweist das folgende Gedicht von PETER TURRINI:

„Der liebe Gott
treibt Unkeuschheit.
Ehrt Vater und Mutter nicht.
Tötet.
Lügt.
Gibt falsches Zeugnis.
Begehrt seines Nächsten Weib.
Vergreift sich an seines Nächsten Gut.
Undsoweiter.
Der liebe Gott
schert sich
in Gestalt seiner Ebenbilder
nicht einmal
um die eigenen
Gebote."

Wir dürfen in diesem Zusammenhang eben nicht vergessen: Die Eltern sind nicht nur die ersten Boten Gottes, sie sind gleichsam auch seine Ebenbilder, was schon daraus hervorgeht, daß sie für das Kind, wie schon früher gesagt, in den ersten Lebensjahren eine gottähnliche Funktion haben. Das bedeutet, daß die Eltern durch ihr Verhalten und So-Sein glaubwürdig und liebens-wert sein müssen, um eine gute Beziehung des Kindes zu Gott aufbauen zu können. Für viele Menschen ist später die Beziehung zu Gott ihre wichtigste, und es ergibt sich daraus für Eltern diesbezüglich die Last einer besonderen Verantwortung, die ihnen wohl niemand abnehmen kann.

4. Es fällt nun für eine gesunde religiöse Erziehung in diesem Zusammenhang besonders ins Gewicht, *welches Gottesbild die Eltern selber besitzen:* Glauben sie an einen gütigen, verständnisvollen Gott, dessen Wesen die Güte und die Bereitschaft, zu vergeben, ist, wie es eigentlich dem christlichen Gottesbegriff entspricht, oder haben sie selber für sich die „Frohbotschaft" in eine „Drohbotschaft" verwandelt, die sie nun bereit und entschlossen sind, an das Kind weiterzugeben? Es versteht sich dann von selbst, daß eine solche Lehre zur Erzeugung eines ungeheuren Angstpotentials im Kinde führen wird.

In seinem anregenden Buch „Aufbruch zur neuen Kultur" hat DIETER DUHM sehr treffend formuliert: „Ohne die Überwindung der Angst keine Humanität, keine Integration ins Lebendige, keine realistische Lösung irgendeines der heute anstehenden Probleme, denn Angst ist blockiertes Leben, verschlossener Organismus, verbauter Kontakt und somit verhinderte Erkenntnisfähigkeit." LEO TOLSTOI läßt in einer bemerkenswerten Skizze, in der er einen Einsiedler im Walde mit verschiedenen Tieren über den Ursprung des Leidens ins Gespräch kommen läßt, den Hirsch antworten: „Weder vom Hunger noch von der Liebe, noch von der Bösartigkeit, einzig von der Angst kommt alles Leid in der Welt." Man kann es wirklich sagen: Angstfixiert zu sein, ist schrecklich, und wer einen solchen angsterzeugenden Gott vor den Augen des Kindes entstehen läßt, der betreibt wahrlich das, was TILMANN MOSER „Gottesvergiftung" genannt hat. Immer wieder darf in diesem Zusammenhang daran erinnert werden, daß Christus bei unzähligen Gelegenheiten seine Ansprache an Menschen mit den Worten begonnen hat: „Fürchtet euch nicht".

Auch die Erzeugung von Schuldgefühlen wird natürlich enorm angstverstärkend wirken müssen. Im vorigen Kapitel wurde auf die Gefahr der Erziehung eines zu strengen, eines zu engen, eines zu starren Gewissens verwiesen. Oft geschieht dies im Namen einer falsch verstandenen Religion. Ist dies der Fall, wird der Mensch nicht nur in die Richtung einer Zwangsneurose gedrängt, sondern seine Beziehung zu Gott wird ebenfalls durch Angst und Schrecken ge- oder sogar ganz zerstört. Von einem solchen Gott jeden Moment beobachtet zu werden, der noch dazu ganz tief in das Herz des Kindes zu schauen vermag und die geheimsten Gedanken entdeckt, kann schon in den frühen Jahren zu ausgesprochenen Verzweiflungszuständen führen. Selbst noch beim Erwachsenen hat Eugen Roth diese Situation wie folgt beschrieben:

„Ein Mensch, der recht sich überlegt,
daß Gott ihn anschaut unentwegt,
fühlt mit der Zeit in Herz und Magen
ein ausgesprochenes Unbehagen
und bittet schließlich ihn voll Grauen,
nur fünf Minuten wegzuschauen.
Er wollte unbewacht, allein,
inzwischen brav und artig sein.
Doch Gott, davon nicht überzeugt,
ihn ewig unbeirrt beäugt."

Aus all dem ergibt sich, daß eine neurotisierende Erziehung, wenn sie auch im Rahmen der religiösen Erziehung zur Anwendung kommt, auch diesen Bereich von der Neurose erfaßt sein läßt, worauf wir noch später zurückkommen werden.

Nun ist es so, daß die Verwandlung einer „Frohbotschaft" in eine „Drohbotschaft" nicht nur stattfindet, weil den Eltern selbst auch nur eine Drohbotschaft zuteil geworden ist, sondern leider auch aus einem anderen Grund: Von vielen Eltern wird in törichter Verkennung und einem verhängnisvollen Mißbrauch die Religion dazu benützt, um ihre eigene Herrschaft abzusichern und den Gehorsam ihrer Kinder zu garantieren. Jeder Erwachsene, der dies tut, müßte sich wenigstens darüber im klaren sein, daß er damit einerseits infolge der Hilflosigkeit des Kindes seine Ziele für eine gewisse Zeit erreicht, andererseits aber das religiöse Leben des Nachkommen mehr oder weniger zerstören wird.

5. Eine gute Erziehung übertreibt nicht: Jede Überfütterung, die leibliche ebenso wie die seelische, ist ungesund und erzeugt Überdruß und Widerwillen, somit das gerade Gegenteil dessen, was angestrebt ist. Wer es genauer wissen will, der lese das großartige Buch der BARBARA FRISCHMUTH, „Die Klosterschule", um zu erkennen, daß der religiös verordnete Stil zwar die äußeren Formen des Kindes beeinflussen kann, im Inneren aber gegen die religiösen Inhalte dann eine ungeheure Auflehnung und Verachtung provoziert wird. Ganz gefährlich erscheint in diesem Zusammenhang auch das Aufdrängen religiöser Inhalte durch die Eltern. Nie sollte man sagen: „So und nicht anders; unsere Religion ist die allein seligmachende." Jede religiöse Erziehung sollte ein *Angebot* sein und kein Aufzwingen. In diesem Sinne könnte die Formel gelten: „So glaube ich es — aber du sollst die Möglichkeit haben, im Verlaufe deines Lebens zu einer eigenen Ansicht zu kommen." Es ist das Verhängnis unserer derzeitigen religiösen Erziehung, daß sie nicht bemüht ist, den Menschen zu einer persönlichen Entscheidung zu bringen, sondern ganz im Gegenteil alles tut, um ihm durch seine einseitige Ausrichtung diese persönliche Entscheidung abzunehmen, ja sie zu verhindern. Getauft wird ohne die Zustimmung des Kindes, und die Firmung, die eigentlich eine Sache der freien Entscheidung sein sollte oder könnte, ist zu einer leeren Geste geworden, bei der nur die Geschenke interessant sind. Wir dürfen uns nicht wundern, daß aus einer solchen Entwicklung — oder besser gesagt: Nicht-Entwicklung — jene Taufschein-Christen resultieren, welche die große Mehrzahl aller Katholiken im Inland ausmachen, über die HELMUT QUALTINGER im unsterblichen „Herrn Karl" die Worte gefunden hat: „I maan, i bin ja katholisch. Net sehr. Aber doch. Wia's halt bei uns is."

6. Es ist ein interessantes Faktum festzustellen, ausgehend von der Tatsache, daß Altes und Neues Testament zusammengehören, worauf nicht oft genug hingewiesen werden kann, um jenen unchristlichen christlichen Antisemitismus endlich einmal zum Stillstand zu bringen. Dennoch besteht zwischen

Altem und Neuem Testament, bei allen innigen Verbindungen, ein wesentlicher Unterschied: Bei der jüdischen Religion handelt es sich um eine Vaterreligion, bei der alle Macht von der älteren Generation ausging, der sich die Kinder oft bis zur Selbstaufopferung bedingungslos unterzuordnen hatten. Selbst noch die Tatsache, daß Gott seinem Sohn die Opfertat der Erlösung der Welt auferlegte, ist ein Beweis für dieses Faktum. Mit diesem Jesus Christus aber nun tritt eine Person in die Welt ein, die man mit gutem Grund als den größten Kinderfreund bezeichnen kann, der je auf dieser Welt lebte. Nun erfolgt eine entscheidende Wendung, indem sich Christus in allen und jeden Belangen auf die Seite der Schwachen und nicht der Stärkeren stellt, und ganz besonders bezieht sich dies auf die Eltern-Kind-Beziehung. Christus spricht immer davon, daß er die Kinder zu sich kommen lassen will. Er fordert alle Menschen auf, zu werden wie eines von diesen Kleinen, und er betont, wie schlimm es ist, ihnen ein Ärgernis zu bereiten. Man kann also zusammenfassend wirklich sagen: Aus einer Eltern-Religion, besonders Vater-Religion, ist eine Kinder-Religion geworden.

Wir müssen aber gerade in diesem Zusammenhang an die christlichen Kirchen die bange Frage stellen, wieso es ihnen nicht gelungen ist, dieser Umkehr der Werte in der Welt im Verlauf von nunmehr zweitausend Jahren zum Durchbruch verholfen zu haben. Während Christus auf der Seite der Kinder stand, steht die Kirche offenbar wieder auf der Seite der Eltern, und die Kleinen vermögen daher Christus nicht als den großen Kinderfreund zu erleben, der er war. Bei der starren hierarchischen Struktur, die kirchlich gelehrt und unterstützt wird, müssen die Kinder mehr und mehr den Eindruck gewinnen, daß dieser Gott in allen Konflikten nicht auf ihrer Seite, sondern auf jener der Eltern und aller anderen Obrigkeiten steht. Eine Aufgabe all dieser Obrigkeiten wäre es daher, gerade im Interesse einer glücklichen, andauernden religiösen Entwicklung dafür zu sorgen, daß etwa folgendes Gefühl in den Kindern aufkommt: Aus christlichem Geiste heraus lieben, achten und respektieren mich meine Eltern, weil nämlich Christus mir oder uns Freund ist. Eine Aufgabe der Kirche wäre es, allen Eltern klarzumachen, daß nur unter Erfüllung solcher Bedingungen von einer Nachfolge Christi gesprochen werden kann.

Wenn aber die Kinder als Untertanen behandelt werden, denen die Religion einfach aufgezwungen wird, die Gott auf der anderen Seite stehend erleben, dann darf man sich nicht wundern, wenn sie in jenem Moment, wo sie sich von den Eltern zu lösen beginnen, ihre eigene Selbständigkeit entwickeln, also in der Pubertät, nicht nur die Eltern abschütteln, sondern auch die Religion, die sie eben nicht als ihre Sache, sondern als Sache der Eltern erlebt haben. Ich möchte es dem Statistiker überlassen, festzustellen, wie hoch der Prozentsatz der Menschen ist, die dem Glauben in der Pubertät verlorengehen; mir geht es hier nicht um ein Spiel mit Zahlen. Aber eines steht jedenfalls fest: Es sind viel zu viele, die in diesem Zeitpunkt abfallen, und es ist unfaßbar, zu sehen, daß die Kirche dem zuschaut, als müßte es so sein. Solange sie von sich aus nichts tut, um mit ihrer Lehrautorität eine Änderung des elterlichen Verhaltens herbeizuführen, solange muß man sich damit begnügen, an jedes einzelne Elternpaar die Bitte zu stellen, sich auf ihre Verantwortung gegenüber den Kindern auch bezüglich des religiösen Bereiches zu besinnen, was ich hiermit tue.

Es wurde bereits darauf hingewiesen, daß aus einer falschen, neurotisierenden religiösen Erziehung sehr oft ein Glaubensverlust resultiert, somit also eigentlich das Gegenteil des Gewünschten erreicht wird. Es gibt aber auch andere schlimme Folgen einer neurotisierenden religiösen Erziehung, indem nämlich der also Geschädigte zwar religiös bleibt, aber seine Religiosität immer mehr die Kriterien einer neurotischen Religion annimmt. Dies sind der Reihe nach:

a) die Ambivalenz: Wenn unsere Beziehungen zu den Eltern im Sinne der Ambivalenz vergiftet werden, so wird diese Elternproblematik natürlich auch auf die Gottesbeziehung übertragen werden. Gott wird dann meist bewußt geliebt, aber unbewußt gehaßt und abgelehnt; es kann aber späterhin auch umgekehrt kommen in dem Sinn, daß Gott im Bewußtsein gehaßt, aber im Unbewußten ersehnt wird; ein Vorgang, der in unserer Zeit immer häufiger festzustellen ist. In allen Fällen wird jedoch durch dieses Geschehen eine gesunde Gottesbeziehung verunmöglicht, und der Ambivalenz entsprechend wird Gott als gut und böse zugleich erlebt. Es bleibt jedem Leser überlassen, sich auszumalen, welche Beeinträchtigung das gesamte religiöse Empfinden damit erleiden muß.

b) Wir haben uns eingehend in früheren Kapiteln mit den Formen der neurotischen Angst beschäftigt. Wenn nun noch zusätzlich eine besondere Angst erzeugt wird, so versteht es sich von selbst, daß dies zu einer ungeheuren Steigerung der schon durch die Neurose gegebenen Angstpotentiale führen wird. Damit fällt auch das Vertrauen auf Gott in seiner beruhigenden und entängstigenden Funktion weg.

c) Als weiteres klassisches Symptom der Neurose haben wir das Minderwertigkeitsgefühl erwähnt. Selbstverständlich kann dasselbe im religiösen Bereich eine übertriebene Demut, ja eine kriecherische Haltung veranlassen, die bei Außenstehenden oft einen sehr schlechten Eindruck, vor allem der Heuchelei, erweckt, obwohl der Begriff Heuchelei hier nicht ganz zutrifft, weil man einen Menschen für unbewußte Vorgänge nicht verantwortlich machen kann. Es steht aber fest, daß sich solche Verhaltensweisen auf die kirchliche, religiöse Imagebildung sehr belastend ausgewirkt haben. NORBERT SCHOLL analysiert diesen Vorgang und seinen Mißbrauch durch kirchliche Stellen wie folgt: „Man spricht im Christentum nicht selten von Demut und verdeckt damit einen habituellen Minderwertigkeitskomplex. Man erwartet Gehorsam und meint damit Entmündigung."

Im Zusammenhang mit dem Minderwertigkeitskomplex dürfen wir den Begriff der Überkompensation nicht vergessen. Es kommt ja immer wieder vor, daß sich ein Minderwertigkeitskomplex durch Überkompensation in eine Art „Größenwahnsinn" verwandelt. Dies wirkt sich sehr oft auch gegenüber Gott aus, kann dann plötzlich zu einer Gottesverachtung und zu prometheischem Hochmut führen.

d) Es ist nun nötig, daß wir auf das Kardinalsymptom der Neurose zurückkommen, nämlich auf die unbewußten Schuldgefühle und die daraus resultierende Selbstbestrafungstendenz. Hier scheint die Formulierung ganz besonders berechtigt: „Viele Neurotiker mißbrauchen einfach die Religion masochistisch, indem sie sie in den Dienst ihrer Selbstbestrafungstendenz stellen." Sie neigen dazu, ihre religiösen Überzeugungen und Übungen zu einer einzigen Selbstkasteiung und -bestrafung umzufunktionieren. Das Gottesbild und die Gotteserfahrung werden verzerrt, der Erlöser wird zum Richter. (Hier kommen auch die unbewußten sadistischen Aggressionen zur Darstellung.) Begleitet wird dieses Geschehen von einer entsprechenden christlichen Ideologiebildung. Darunter verstehen wir den Mißbrauch des Glaubens und Wissens zur Erzeugung eines falschen Bewußtseins und einer starren Persönlichkeitsstruktur. Durch Ideologisierung werden die adäquate Wahrnehmung und die Auseinandersetzung mit der Wirklichkeit verhindert und durch fixierte Vorurteilsbildung ersetzt. In solch einem Zerrbild christlicher Religiosität kommen die wesentlichen Dimensionen und Erfahrungen, etwa die Erfahrung von Gnade, Erlösung, Vergebung und vor allem die Erfahrung der Barmherzigkeit Gottes — insbesondere emotional — nicht zum Tragen, dagegen spielen ein zürnender, strafender Gott, das Schuldigsein-Problem, selbstzerstörende Askese und permanentes Opfer-bringen-Müssen eine übersteigerte Rolle. Hierher gehören vor allem auch die zwangsneurotischen Symptome mit immer wieder erneuerten Selbstanklagen und der Überzeugung, niemals entsühnt werden zu können (Skrupulantentum). Bei dieser Gelegenheit möchte ich darauf aufmerksam machen, daß oft erste Ansätze eines solchen Skrupulantentums schon bei Kindern nach den ersten Beichten festzustellen sind — ein ernster Hinweis auf eine Neurotisierung im Sinne einer Zwangsneurose, aber schon auch ein ernster Hinweis darauf, daß die Neurotisierung sich auch im religiösen Bereich ausbildet. Daraus ist der doppelte Schluß zu ziehen, daß man gerade beim Kinde mit der Beichte möglichst spät beginnen soll und andererseits zwangsneurotische Mechanismen, die in diesem Zusammenhang auftreten und ein diesbezügliches Alarmsignal darstellen, nicht übersehen darf.

e) Ein weiteres Charakteristikum neurotischen Verhaltens ist die Tendenz des Neurotikers, immer wieder in ein kindliches Verhalten zurückzuflüchten; einerseits, um die mißglückte Kindheit zu korrigieren, andererseits, um Schwierigkeiten auszuweichen. Das Kennzeichen des Kindes ist es, nicht selbst wesentliche Entscheidungen treffen zu müssen, sondern diese an andere, nämlich die Eltern, delegieren zu können. Die regressive Charakteristik der neurotischen Religiosität zeigt sich dementsprechend darin, daß man nicht fähig und bereit ist, selbständig zu denken und zu handeln, nicht bereit ist, die Verantwortung für seine Lebensgestaltung selbst zu übernehmen, und daher krampfhaft nach religiösen Vorschriften, Rezepten und Personen sucht, die einem dies alles abnehmen. Das Problem einer solchen „Kleingläubigkeit" wurde durch den Aufbruch des Zweiten Vatikanischen Konzils für viele Gläubige akut, weil sie auf die Verwandlung von einem unmündigen Glauben hin zu einem mündigen Christsein nicht vorbereitet wurden. Die damit gegebene Überforderung führte nicht selten zu reaktionären Entwicklungen.

Die Regression kann noch tiefere Formen annehmen; sie kann so weit gehen, daß man sozusagen diese Welt überhaupt ignoriert, sie entwertet und unbewußt den Lebensaufgaben ausweicht. Ein einseitiger und verabsolutierender Jenseitsglaube dient eben diesen Zielen, und es ist daher höchste Zeit, mit der kirchlichen Förderung solcher Befindlichkeiten aufzuhören. Menschen wurden oft absichtlich in einem Status der Unsicherheit gehalten, um sie besser regieren zu können! Sie wurden auf das Jenseits vertröstet, damit sie mit den Zuständen, die hier und jetzt herrschen und die dringend verbessert gehören, halbwegs zufrieden seien und den Mund hielten! Diesbezüglich helfen uns tiefenpsychologische Einsichten in die Fehlformen kirchlicher Religionsvermittlung zur Umkehr und zur Überwindung der verschiedensten Facetten infantilen Glaubens.

f) Wir haben schließlich darauf hingewiesen, daß sich der neurotische Konflikt in vielen neurotischen Symptomen auswirken wird, welche die Auseinandersetzung zwischen Trieb und Gewissen darstellen. Außer Zweifel kann nun jedes einzelne dieser Symptome auch zum scheinbar unlösbaren religiösen Problem werden. Wir haben erkannt, daß im neurotischen Symptom einerseits Protest (Aggression) ausgedrückt, gleichzeitig aber auch Bestrafung, eben für diese Aggression, durchgeführt wird — als getreues Abbild des frühkindlichen, durch Verdrängung nur unzulänglich „gelösten" Konfliktes. Wenn sich solche Verhaltensmuster einschleifen, fast zwanghaft wiederholt werden und fixiert erscheinen, so werden sie unweigerlich zum Versagen auf ganz bestimmten religiösen Gebieten führen. Der Kranke wird weder — trotz bester Vorsätze — von seinem Versagen loskommen noch eine Verzeihung annehmen (dies würde ja seinem Selbstbestrafungswunsch widersprechen). Wir finden jenen pathologischen Tatbestand, den der heilige AUGUSTINUS in seinen „Confessiones", lange vor der Entdeckung der Neurose, beschrieb:

> „Zum Teil wollen und zum Teil nicht wollen ist kein unbegreiflicher Sachverhalt, sondern eine Krankheit der Seele... es gibt dann zwei Willen, und keiner ist ganz, sondern der eine besitzt, was dem anderen fehlt. Weder wollte ich völlig, noch wollte ich völlig nicht. Daher lag ich mit mir im Streite und war in mir gespalten. Auch der Zwiespalt geschah gegen meinen Willen, aber er bekundete nicht das Vorhandensein eines fremden Geistes in mir... ein und dieselbe Seele ist es, die mit halbem Willen das und mit halbem Willen das andere will."

Heute wissen wir, daß alle diese „Halbheiten" durch unbewußte Widerstände verursacht sind; wir wissen ferner, daß dadurch das religiöse Leben, zuerst auf umschriebenen Gebieten, später aber oft auch insgesamt, schwer geschädigt wird. (Die Betreffenden halten das Pendeln zwischen guten Vorsätzen und Versagen, die einförmige Wiederholung, nicht aus und wählen die „Lösung", sich von der Religion zu distanzieren.)

In solchen Fällen ist die Psychotherapie wirklich die einzige menschliche und religiöse Hilfe. ALFRED ADLER, der Begründer der Individualpsychologie, hat das diesbezügliche Vorgehen einmal mit den klassischen Worten beschrieben: „Wenn ein Patient mich fragt, warum er der Hüter seines Bruders sein muß, so kann ich ihm keine Antwort darauf geben. Ich kann ihm aber erklären, warum er gerade diese Frage an mich stellt." Hier finden wir die Quintessenz der richtigen psychotherapeutischen Einstellung zum religiösen Bereich: Ob das stimmt, was eine bestimmte Religion lehrt, dazu können wir als Psychotherapeuten keine Stellung nehmen, aber wir können, ja sollen sehr wohl den neurotischen Mißbrauch eines religiösen Inhaltes, das neurotische Versagen auf einem bestimmten Gebiet erklären.

g) Mehrfach haben wir aufgezeigt, daß es im Rahmen der neurotischen Entwicklung des Erwachsenen zu zunehmender Lebensverengung und -verunstaltung kommt, die aus den Gefühlen der Depression, der Ratlosigkeit, der Erbitterung und der Verzweiflung resultieren. Auch dieses Faktum kann das religiöse Leben enorm beeinflussen: denn angesichts des eigenen Scheiterns wird die Versuchung sehr groß sein, sich als Stiefkind Gottes zu erleben und ihn anzuklagen, daß er einen im Stich gelassen und alles Unheil auf die eigene Person abgeladen hat. Natürlich wird diese Vorstellung die personale Beziehung zu Gott enorm störend beeinflussen.

Ich möchte dieses Kapitel nicht beschließen, ohne darauf aufmerksam zu machen, daß vieles von dem, was ich hier bezüglich der religiösen Erziehung durch die Eltern zusammenzufassen versucht habe, auch für die Richtlinien des religiösen Unterrichtes in der Schule gilt: Jener Bereich aber ist nicht Gegenstand dieses Buches.

VIII.

DIE BEDEUTUNG DER FAMILIE

Geschichtlich gesehen hat es außer Zweifel eine vor-familiäre Zeit gegeben; diese Institution ist erst, zugleich mit dem Aufkommen persönlichen Besitzes, allmählich entstanden. Wenn man nun bedenkt, daß heute so viele Kinder in den ersten sechs Lebensjahren neurotisiert werden, so könnte man immerhin auf den Gedanken kommen, daß dieses tragische Geschehen einfach zu Lasten der Familie geht, und damit die Frage verbinden, ob es psychohygienisch wünschenswert wäre, gleichsam eine nach-familiäre Epoche zu kreieren. In seinem Roman „Etzel Andergast" läßt Jakob Wassermann den Psychotherapeuten Joseph Kerkhoven sagen: „Ich kämpfe gegen eine Hydra, der hundert Köpfe nachwachsen, wo ich einen abgeschlagen habe. Ich bin quasi damit beschäftigt, Sprungtücher auszubreiten, während die Leute aus den Fenstern eines brennenden Hauses stürzen. Ist ja verdienstlich, aber den Brand müßte man löschen können, und das kann man nicht." Kann man es wirklich nicht? Das ist heute zu einer Schicksalsfrage geworden, ja ich wage die Behauptung, wenn sich unsere Situation diesbezüglich nicht wirklich entscheidend ändert, d. h. wenn es uns nicht gelingt, immer mehr Kinder ohne Neurotisierung aufwachsen zu lassen, dann werden in Zukunft Heere von Psychotherapeuten nicht ausreichen, um Feuerwehr zu spielen gegen die Brandfläche, die auf uns zukommt. Ist das Heil, die so wichtige Vorbeugung, in der Abschaffung der Familie zu finden? Die Beantwortung dieser Frage ist aufs engste mit einer anderen verbunden: Hat bei all diesen unglücklichen Entwicklungen die Familie als solche versagt, ist es die Institution oder sind es die Menschen, die die

Institution bilden? Der Psychotherapeut hat längst gelernt, daß es gilt, nicht nur einzelne Menschen, sondern auch Institutionen (die ja auch wieder von Menschen geformt werden) einer psychohygienischen Beurteilung, aber auch Beratung (wenn die Bereitschaft besteht, dies anzunehmen) zu unterziehen. Wir müssen also in diesem Zusammenhang prüfen, ob es nötig ist, die Familie als Begriff in Frage zu stellen.

Das würde ich trotz aller Unvoreingenommenheit gegenüber diesem Problem strikte verneinen; ich wüßte beim besten Willen nicht, was an der Familie als solcher therapiebedürftig ist; sie ist als Begriff schlechthin vollendet. Alle bisherigen Versuche, Kinder systematisch außerfamiliär aufwachsen zu lassen, etwa in Kollektiven, auch in den von mir so sehr bewunderten Kibbuzim, haben nicht den Beweis erbracht, daß dort weniger neurotisiert wird; im Gegenteil, oft ist die diesbezügliche Schädigung dadurch noch ausgeprägter, wofür ich vor allem zwei Gründe als hauptverantwortlich bezeichnen möchte: Erstens, wo sollte Geborgenheit, lebensnotwendige Wärme und Urvertrauen so intensiv gewonnen werden, wie in jener gesicherten Mutter-Kind-Beziehung, die erst die Familie gewährleistet? Zweitens aber wird die Position der Mutter nicht nur durch den Vater entscheidend gestärkt, nein, dieser Dritte ist auch aus anderen Gründen — wie schon in der Besprechung der ödipalen Problematik dargelegt — von entscheidender Notwendigkeit. Hier kann und muß das Kind erstens die Spannung, die aus der Zweigeschlechtlichkeit der Menschen erwächst, in der Dreiecksbeziehung meistern lernen, sodann aber wird es, gleichsam wie von selbst, bei Vorliegen gesunder Bedingungen dazu gebracht, seine physische Geschlechtsrolle auch psychisch zu bejahen. Aus all diesen Gründen meine ich, daß der Satz von MARGARET MEAD, die es wissen müßte, weil sie die umfassendsten transkulturellen Studien unserer Zeit betrieben hat, noch lange seine Gültigkeit behalten wird: „So oft man auch versucht hat, die Familie zu vertreiben, sie ist noch immer bei der Hintertür wieder hereingekommen."

Das Problem, welches wir haben, liegt also vorwiegend in den Menschen, welche die Familie formen und ausmachen. In diesem Zusammenhang möchte ich zu unserem Thema einen Begriff zitieren, den mein Freund Heimo Gastager zusammen mit seiner Frau in einer denkwürdigen Arbeit geprägt hat, nämlich den Begriff der „Fassadenfamilie". Ich möchte sagen, und diese kritische Note muß hier eingebracht werden, daß es gar keinen Sinn hat, die Familie als bloßen „Begriff" zu verherrlichen und deshalb eine heile Welt dort vorzutäuschen, wo vielfach keine mehr besteht, weil der Inhalt verlorengegangen und nur mehr eine leere Hülse übriggeblieben ist, eben die Fassade. Ich plädiere selbstverständlich für die Erhaltung der Ehe, solange irgendwie eine Chance besteht, die liebevolle Zuwendung der Partner zu erhalten bzw. wieder herzustellen. Ich erlebe immer wieder, daß junge Eheleute zu mir kommen und meinen, ihre Ehe sei nun zerstört, weil es den ersten ernsten Streit gegeben habe. Gemeinschaft bedeutet keineswegs konfliktfreies Leben. Solange die Meinungen aufeinanderprallen und offen ausdiskutiert werden, ist somit noch überhaupt nichts verloren. Erst wenn das Schweigen der Resignation vorherrscht, besteht Grund, bezüglich der weiteren Entwicklung besorgt zu sein. Erst wenn alle Bemühungen gescheitert sind bzw. solche nicht mehr stattfinden, mag das Scheitern einer Beziehung registriert werden. Wenn aber so ein tragischer Tatbestand eingetreten ist, dann hat es wenig Sinn, um jeden Preis das Gesicht zu wahren, eine Tendenz, die sowohl von unserer Gesellschaft als auch von der Kirche gefördert wird, weil beide den geschiedenen Menschen bis zu einem gewissen Grade als minder bewerten.

Wie sieht dieses Problem aber nun in den Augen eines Kindes aus? In diesem Zusammenhang muß noch einmal betont werden, daß die Kinder die am schwersten zu täuschenden Lebewesen sind. Vor einiger Zeit fragte ein vierjähriges Mädchen seine Mutter: „Kannst du noch Kinder bekommen?" Diese antwortete, durch die Frage peinlich berührt, unwirsch: „Natürlich kann ich das; ich bin doch eine gesunde Frau." Das

Kind widersprach: „Das kannst du nicht, denn du und der Vater, ihr habt euch nicht mehr lieb, und ich habe ja gelernt, daß die Kinder durch die Liebe der Eltern entstehen." Die Frau war von dieser Antwort umso mehr überrascht und schokkiert, als sie der Wahrheit entsprach: Die Beziehung zwischen ihr und ihrem Mann war in der Tat, auch sexuell, nicht mehr vorhanden. Sie wollte aber wissen, wieso das Kind zu der Vermutung kam und erhielt die Antwort: „Ihr sprecht ja gar nicht mehr miteinander, und wenn, so bekommen eure Stimmen einen ganz anderen, bösen Ton." Das Beispiel mag genügen, um den Irrglauben zu beseitigen, man könne Kinder an der Nase herumführen. Wenn sie also schon imstande sind, die Situation zu durchschauen, so ergibt sich natürlich durchaus das Problem: Was ist dann für Kinder besser; wenn man trotz nur mehr vorhandener Fassade dennoch dem Kinde zuliebe beisammenbleibt oder wenn man sich trennt? Diese Frage läßt sich natürlich nicht generell beantworten: Ohne Zweifel bedeutet das Auseinandergehen der Eltern für ein Kind, zwar je nach dem Alter in verschiedenem Ausmaß, so dennoch ein unbeschreibliches Trauma. Andererseits kann ein solches aber auch absolut dann gegeben sein, wenn zwar Eltern beisammenbleiben, aber mit einem solchen Ausmaß feindseligster Spannung, daß die Atmosphäre vollständig vergiftet ist. In einem solchen Falle kann und wird auch tatsächlich oft die Trennung der Eltern vom Kind als eine Entlastung erlebt.

Ich möchte nun, so knapp es mir der Raum erlaubt, auf ein paar Punkte, selbstverständlich durchaus nicht mit Vollständigkeitsanspruch, eingehen, warum heute vielfach an die Stelle der Familie eine Fassade getreten ist: Erstens muß ich hier mit tiefstem Bedauern eine mangelhafte Vorbereitung auf die Kostbarkeit der Ehe erwähnen (Familie ist ja prinzipiell auch ohne die Institution der Ehe möglich; diese bleibt aber dennoch in der überwiegenden Mehrzahl die Grundlage der Familie.) Es gab früher Ärzte, die gesagt haben: „Wenn Sie mit Ihrem Leben nicht zurechtkommen, dann heiraten Sie; dann wird schon alles gut." Ich möchte sagen: Die Ehe ist keine

Therapie, ja mehr noch, es bedarf einer großen psychischen Reife, um sie wirklich in einem lebenslangen Bemühen durchzuhalten und zu meistern. Die Ehe ist wahrscheinlich nicht nur die wunderbarste Form des menschlichen Zusammenlebens, sondern zugleich auch die, welche konsequenterweise an beide Partner mit ihrer Ausschließlichkeit und Unauflöslichkeit die größten Ansprüche stellt: Eine ungeheure menschliche Leistung ist hier zu vollbringen. Es herrscht nun heute vielfach eine krasse Diskrepanz zwischen diesen Ansprüchen und den gegebenen Voraussetzungen. Immer früher werden unüberlegt und jäh Ehen geschlossen; oft hat man das Gefühl einer „Flucht aus dem Elternhaus um jeden Preis", eines Versuches zweier junger Menschen, sich in einem Meer von Unverständnis aneinanderzuklammern, gemäß dem RILKE-Wort: „Wir sind ganz angstallein, haben nur aneinander Halt." Da weiß man oft gar nicht, was für ein Mensch der andere wirklich ist, und wenn man es weiß und es einem nicht paßt, denkt man: Ich werde ihn schon verwandeln; er wird sich mir zuliebe schon ändern. Das ist, möchte ich sagen, eine grenzenlose Überschätzung der eigenen Möglichkeiten. Der unvergeßliche IGOR CARUSO formuliert es so: „Wenn du *ent*täuscht wirst, dann hast du dich *ge*täuscht."

GUSTAV MAHLER hat von seinen Eltern gesagt: „Sie haben zusammengepaßt wie Feuer und Wasser." Wie viele Kinder sind vom gleichen Schicksal betroffen, müssen dann erleben, daß zwischen den Eltern ein latenter oder manifester Kriegszustand besteht und daß sie zum Schlachtfeld werden, worauf früher schon hingewiesen wurde. Vor einiger Zeit hat einer meiner Patienten einen Traum gehabt, den ich in dieser Form trotz reicher Erfahrung noch nie gehört hatte. Er sieht die Eltern an einem Tische sitzen, dazwischen sind andere Menschen, und er hat das Gefühl, die Eltern kennen einander noch nicht. Die Mutter schaut auf, der Vater auch — und da hat er im Traum den Gedanken: Um Gottes willen, hoffentlich wird der Vater die Mutter nicht bemerken. Und dann fügt er hinzu: Hoffentlich werden sie einander nicht kennenlernen, nicht erkennen. Dieser schreckliche Traum drückt den Wunsch aus: Wären doch die Eltern nie zusammengekommen; er bedeutet fast eine Rücknahme der eigenen Existenz, denn wir wissen ja aus dem Alten Testament, daß das Wort „Erkennen" natürlich auch die sexuelle Vereinigung zweier Menschen bedeutet.

Weil ich hier gerade bei dem Begriff „Erkennen" bin, darf mich dieser zu meinem zweiten Punkt bringen: Eine wesentliche Rolle bei dem Entstehen von Fassadenfamilien spielt auch die mangelhafte Lösung des sexuellen Problems. Dies darf nicht überschätzt, aber wirklich auch nicht unterschätzt werden. Sexueller Kontakt dürfte nicht, wie Doris Lessing meint, heute vom Stellenwert eines „Händedruckes in der Horizontalen" sein; er sollte vielmehr den Ausdruck einer intensiven partnerschaftlichen Kommunikation bedeuten, eine besondere Möglichkeit auch, einander aufzuwerten (und nicht zu zerstören). Die Erfahrung lehrt, daß eine gute sexuelle Beziehung sicherlich nicht die einzige, aber doch eine sehr gute Grundlage einer lebendigen Ehe ist. Es gibt viele Gefahren, die eine Zerrüttung dieses kostbaren Gutes heraufbeschwören: Da ist zuerst einmal die *Gewohnheit,* die mit der Zeit das Interesse aneinander und die gegenseitige Attraktivität reduziert erscheinen lassen. Gegen diesen „Abnützungsprozeß" muß der Mensch aktiv etwas unternehmen, „von selbst" läßt er sich nicht aufhalten. Es stimmt nicht unbedingt, daß wir alle polygam veranlagt sind und daher nach Abwechslung suchen müssen, was man sich zum Trost vorsagt, wenn es einmal soweit gekommen ist. Es gibt eindrucksvolle Beispiele, wo es Partnern gelungen ist, die gegenseitige Anziehungskraft durch Jahrzehnte zu erhalten. Dies ist vor allem eine Frage der größten Kraft, die der Mensch sein eigen nennt, nämlich die Phantasie. Jeder geschlechtlichen Begegnung gehen sexuelle Phantasien voraus; diese zu pflegen, auf die Vorstellungen des Partners einzugehen, gehört zu den Aufgaben, die der Erhaltung der Beziehung dienen; nichts ist hier pervers, nur das, was den anderen alleinläßt. Auf diesem Wege wäre auch auf lange Sicht der „Friede der Sinne" zu erreichen, von dem Wildgans einmal gesagt hat, daß er auch der „Friede der Welt" wäre. Voraussetzung dafür wäre natürlich, die Sexualität als kostbares menschliches Gut zu bejahen, ihr gegenüber unbefangen zu sein, beides wird durch die christliche Erziehung leider noch immer nicht gewährleistet. Auch der Begriff „eheliche Pflichten" zeitigt verheerende Folgen, macht er doch schon rein verbal aus etwas, was eine Freude sein soll, eine Pflicht, die dann dementsprechend als lästige Verpflichtung bewertet und gehandhabt wird. Dann ist es nicht weit bis zur doppelten Moral, wo zu Hause alles „Unanständige" vermieden und außer Haus umso mehr „konsumiert" wird. Ungezählte Tragödien spielen sich nach diesem Muster ab. Ich kann die sexuelle Problematik nicht abschließen, ohne die Frage des vorehelichen Verkehrs kurz anzuschneiden. Das kirchliche diesbezügliche Verbot möchte ich nicht diskutieren; es halten sich ja auch immer weniger Jugendliche daran. Aber ich muß zu bedenken geben, daß mangelnde voreheliche Erfahrung die Sexualität in der Ehe einerseits oft enorm behindert und andererseits dann immer wieder ein enormes Nachholbedürfnis erzeugt; beides Faktoren, an denen gar manche Verbindung letztendlich zerbricht.

Es ist in diesem Zusammenhang auch auf die diesbezügliche verschiedenartige Erziehung von Mädchen und Buben hinzuweisen, die zwar glücklicherweise immer weniger anzutreffen ist, aber auch in ihren Relikten noch entschieden bekämpft werden muß: nämlich dem Knaben zu raten, sich „auszuleben" und das Mädchen darauf zu verpflichten, unberührt in die Ehe zu gehen. An solchen Erziehungsmethoden sieht man gut, um welch unhaltbare Kunstprodukte eines vermeintlichen Sittengesetzes es sich dabei handelt und wie man versucht hat und noch immer versucht, die Gleichberechtigung der Geschlechter zu hintertreiben.

Diese Bemerkung führt mich unwillkürlich hinüber zu einem letzten Punkt: Viele Leute glauben, daß die Ehe sozusagen ein Besitzschein auf den anderen ist, daß man diesen jetzt mit „Haut und Haaren" gleichsam „amtlich" vereinnahmen darf und daher nichts dazwischenkommen kann und man für ein ganzes Leben „versichert" ist. Und besonders der österreichische Mann ist so, daß das, was er sicher besitzt (oder zu besitzen vermeint), ihn überhaupt nicht interessiert. Natürlich wirkt sich diese Vernachlässigung mit der Zeit verhängnisvoll aus. MAX FRISCH hat so wunderbar gesagt: „Du bist nicht das Einzige, was in der Liebe möglich ist." Das muß jeder von uns einmal zur Kenntnis nehmen. Aber die falsche Auffassung, die wir von der Ehe haben, verführt uns zu der falschen Vorstellung, daß für den Partner niemand anderer als wir selbst zur Verfügung stünde. Ein bitteres Erwachen aus dieser Illusion gibt es dann oft!

Daß die Institution Familie an sich nicht schuld daran ist, wenn so viele Kinder heute neurotisiert werden, wurde schon betont. Aber es darf darüber nicht vergessen werden, daß gesellschaftspolitische Verhältnisse sehr wohl auf das Funktionieren bzw. Nichtfunktionieren der Familie Einfluß nehmen können, weil sie ihren Stellenwert und das Gewicht der Rollen der einzelnen Familienmitglieder zu verändern mögen. Mit dieser Problematik, wo sich also Verantwortung der Gesellschaft und der einzelnen betroffenen Menschen miteinander verbinden, möchte ich mich im folgenden beschäftigen.

Beginnen wir mit der veränderten Position des Vaters: Er war früher als Patriarch der Inbegriff der angemaßten Autorität, hielt sich für unfehlbar und verlangte tyrannisch unbedingten Gehorsam. Als FREUD die Neurose am Ende des vergangenen Jahrhunderts beschrieb, entdeckte er vor allem Menschen, die von diesem Vatertyp geschädigt wurden. Heute hat sich dies gründlich geändert. Nicht zuletzt durch das Versagen dieser Vatertypen in der nationalsozialistischen Zeit und durch ihre Unfähigkeit, die Schuld dafür einzubekennen und zu verarbeiten, haben sie alles Ansehen bei der jungen Generation verloren. Und da sie zusätzlich auf diese „Degradierung" mit beleidigtem Sich-Zurückziehen reagiert haben, konnte MITSCHERLICH von einer „vaterlosen Gesellschaft" sprechen. Nur in einigen Restbereichen halten sich hierarchische

Strukturen mit Unfehlbarkeitswahn; aber auch ihre Stunde wird bald geschlagen haben. Aus dieser Umstellung hat sich folgerichtig ergeben, daß die Väter als neurotisierende Personen wegfallen; es hat sich aber zugleich gezeigt, daß *ihr totales Fehlen auch neurotisiert,* denn das Kind braucht Autorität, freilich nicht angemaßte, sondern echte, die auf Vorbild und gutem Beispiel beruht und zu Identifizierung liebevoll, nicht zwanghaft, einlädt. Bis zum heutigen Tag haben die Männer diese Sehnsucht nicht zu befriedigen vermocht, was zur vielbeklagten „Kompaßlosigkeit der heutigen Jugend" einen entscheidenden Beitrag leistet. Am meisten fällt dies meiner Meinung nach auf dem Gebiet der Arbeitswelt ins Gewicht: Früher war es selbstverständlich, daß der Vater die Kinder mit seinem spezifischen Berufsbereich konfrontierte, was dann verständlicherweise bei den Kindern Neugier und Interesse hervorrief. Heute unterbleibt dieser Prozeß (worauf schon bei der Problematik der Wertvermittlung hingewiesen wurde). Nicht zuletzt daraus resultiert die „Sinnverdünnung", die bei der heutigen Jugend festzustellen ist.

War zu FREUDS Zeiten, wie bereits erwähnt, ein Überwiegen der Vaterneurosen festzustellen, so hat sich die Situation diesbezüglich geändert: nun dominieren die Mutterneurosen, was praktisch schlimme Folgen hat, denn je früher die Neurotisierung erfolgt (nun in den ersten drei Jahren), desto schlimmere, gleichsam an die Wurzeln des Lebens greifende Folgen hat sie später (psychosomatische Erkrankungen, Sucht, Depression, Suizidtendenz). Nun werden viele sagen: Ja, das ist kein Wunder, das haben wir eben davon, daß die Frau ihre Emanzipation durchsetzt und daß sie berufstätig ist. Diejenigen, die sich eine wissenschaftliche Bestätigung dieser These erhoffen, die wünschen, daß man die Frau auf ihre sogenannten „biologischen Funktionen" wieder zurückweise, die muß ich enttäuschen. Vergessen wir nicht, daß die Berufstätigkeit der Frau sehr viel gebracht hat, eine neue Würde, ein neues Selbstwertgefühl, einen erweiterten Horizont. Wer wollte leugnen, daß dies alles auch dem Kinde zugute kommen kann? Freilich bleibt das Problem die Zeit, welche die berufstätige Frau dem Kind widmen kann. Hier versteht es sich ganz von selbst, daß die Mutter im ersten Lebensjahr dem Kind ganz zur Verfügung steht; dies gilt weitgehend auch für das zweite (wir verdanken Anna Freud den wissenschaftlichen Nachweis vom großen Wert guter Kindergärten; dennoch glaube ich, daß auch die beste Institution die Mutter bzw. die Familie nicht voll ersetzen kann). Im dritten Lebensjahr mag eine gewisse Lockerung dieses Prinzips statthaben, und es beginnt sich dann das Gesetz allmählich durchzusetzen, daß die Quantität der Zeitzuwendung durch Qualität ausgeglichen werden kann, wozu gerade die selbstbewußtere berufstätige Frau befähigt erscheint. Aber auch in den ersten Jahren kann man die Verantwortung für das glückliche Aufwachsen des Kindes *nicht ganz auf die Mutter abwälzen*. Im allgemeinen wird jede Mutter in dieser Periode umso wirksamer sein, je mehr sie sich vom Vater gestützt und unterstützt fühlt, sie also spürt, daß ein gemeinsamer Wille zum Wohlergehen des Kindes vorhanden ist.

Abschließend möchte ich für neue Formen der Väterlichkeit und der Mütterlichkeit plädieren. Was ist spezifisch männlich und was ist spezifisch weiblich? Die einen meinen, dies sei grundsätzlich anlagemäßig bedingt, die anderen protestieren und sagen, alles sogenannte Männliche und Weibliche sei ein Erziehungsprodukt. Ich glaube, die Wahrheit liegt in der Mitte. Einiges ist wohl von der Natur bestimmt, besser gesagt, von der verschiedenen Anatomie der beiden Geschlechter. Die Frau ist nun einmal die Empfangende, und das Kind wächst in ihrem Bauch auf, dem Mann wird dies wohl nie gelingen. Darüber hinaus aber ist vieles, was wir als spezifisch „männlich" und „weiblich" betrachten, in Wirklichkeit als Erziehungsprodukt zu werten, und auf diesem Gebiet sollten wir eine andere Einstellung bekommen. In diesem Zusammenhang will mir scheinen, als würden gerade die jungen Männer jetzt darum ringen, so etwas wie Einfühlung und Mitmenschlichkeit Kindern und Frau gegenüber zu zeigen und zu erkennen, daß es sehr wohl auch eine männliche Aufgabe ist, Kinder von der frühesten Zeit an gemeinsam mit der Mutter zu betreuen. Über diese Aufgabe schrieb MARGARETE MITSCHERLICH: „Eine neue Form von Väterlichkeit wird erstrebt, die in vielem dem nahekommt, was bisher unter Mütterlichkeit verstanden wurde und wenig mit der Väterlichkeit autoritärer Erziehungsformen zu tun hat." Zu dieser neuen Väterlichkeit sollte es wohl auch gehören, daß die Männer in Zukunft bereit sind, Fehler und Irrtümer einzugestehen, zu begreifen, daß ihnen dadurch keine „Perle aus der Krone" fällt, sondern im Gegenteil, wie es der ehemalige Bürgermeister von Berlin, ALBERTZ, so trefflich ausgedrückt hat: „Wer je seinen Vater weinend ein Versagen eingestehen sah, der wird ihn ein Leben lang nicht verlassen."

Freilich wirft diese neue Väterlichkeit Probleme auf, auch Probleme für die Frau, weil sie sich jetzt hier vielleicht anderen Möglichkeiten der Partnerschaft zwischen Mann und Frau in der Erziehung gegenübergestellt sieht. Sollte man vielleicht für die Mutter eine Komplementärentwicklung zu der des Vaters verlangen, sollte sie „väterlicher" werden? Noch leben wir in einer Zeit, in der nur diejenigen Frauen Karriere machen können, welche psychisch die sogenannten männlichen Eigenschaften annehmen, also Ellbogenmenschen werden — ein Verhalten, das ALFRED ADLER als „neurotischen Protest" bezeichnet hat. Diese „neurotische" Tendenz darf unter gar keinen Umständen verstärkt, im Gegenteil, sie muß abgebaut werden. Vielleicht beginnt jetzt durch die Entstehung eines mehr mütterlichen Vaters eine neue Zeit, in der die Frauen psychisch Frauen bleiben können und dennoch zu Erfolg kommen. Hoffentlich kommt auch bald eine Zeit, wo sehr zu Recht nicht mehr verlangt und behauptet wird, daß die ganze Verantwortung für die gute Entwicklung des Kindes in den allerersten Jahren auf den Schultern der Frau liegt. Leider hat ja die Frau in unseren Tagen oft von sich aus eine Tendenz, die Erziehung des Kindes allein zu bewerkstelligen. Immer mehr Frauen entscheiden sich zum Alleinerziehen, zwar für das Kind, aber gegen den Vater. Die Männer, scheint es, werden nur noch vorübergehend, zum sozusagen bloßen Zeugen, benötigt. Mag sein, daß die Mütter dies als eine neue Form der Selbstsicherheit, der Selbstbewußtheit, des Unabhängigseins vom männlichen Diktat und den männlichen Machtansprüchen erleben. Für das Kind, meine ich, bedeutet diese Haltung, die man auch als einen „männlichen Protest", nämlich ein Protest gegen den Mann, bezeichnen könnte, aus Gründen, die schon früher in diesem Buch erläutert worden sind, eine Gefährdung glücklicher psychischer Entwicklung.

Auf jeden Fall sollte die Zeit bald vorbei sein, wo man von der Mutter selbstlose Aufopferung für das Kind verlangt. In diesem Buch wurde gezeigt, daß an beide Eltern viele Forderungen zu stellen sind. Die der Selbstlosigkeit ist aber bestimmt nicht darunter, denn alle Selbstlosigkeit ist gefährlich, nicht zuletzt für das Kind selbst. Die Mutter soll nicht, wie es so schön oder vielmehr so schlecht heißt, in ihrer Pflicht restlos aufgehen und darüber die eigene Person und die eigenen Ansprüche völlig vergessen. Das hätte für alle Beteiligten nur schlimme Folgen, und niemand hat dies treffender beschrieben als ERICH FROMM in seiner „Kunst des Liebens":

„Das Wesen der Selbstlosigkeit kommt besonders deutlich in ihrer Wirkung auf andere zum Ausdruck und in unserer Kultur speziell in der Wirkung, die eine solche ‚selbstlose' Mutter auf ihre Kinder hat. Sie meint, durch ihre Selbstlosigkeit würden ihre Kinder erfahren, was heißt, geliebt zu werden, und sie würden ihrerseits daraus lernen, was lieben bedeutet. Die Wirkung ihrer Selbstlosigkeit entspricht jedoch keineswegs ihren Erwartungen. Die Kinder machen nicht den Eindruck von glücklichen Menschen, die davon überzeugt sind, geliebt zu werden. Sie sind ängstlich, nervös und haben ständig Angst, die Mutter könnte mit ihnen nicht zufrieden sein, und sie könnten ihre Erwartungen enttäuschen. Meist werden sie von der versteckten Lebensfeindlichkeit ihrer Mutter angesteckt, die sie mehr spüren als klar erkennen, und schließlich werden auch sie ganz davon durchdrungen. Alles in allem wirkt eine derart selbstlose Mutter auf ihre Kinder kaum anders als eine selbstsüchtige, ja die Wirkung ist häufig noch schlimmer, weil ihre Selbstlosigkeit die Kinder daran hindert, an ihr Kritik zu üben. Sie fühlen sich verpflichtet, sie nicht zu enttäuschen; so wird ihnen unter der Maske der Tugend eine Abscheu vor dem Leben beigebracht. Hat man dagegen Gelegenheit, die Wirkung zu studieren, die eine Mutter mit einer echten Selbstliebe auf ihr Kind ausübt, dann wird man erkennen, daß es nichts gibt, was dem Kind besser die Erfahrung vermitteln könnte, was Liebe, Freude und Glück bedeuten, als von einer Mutter geliebt zu werden, die sich selber liebt."

Ich aber möchte in diesem Sinne all das, was ich hier nur angedeutet ausdrücken konnte, mit den Versen zusammenfassen, mit denen Peter Turrini sein großartiges Gedichtbuch „Ein paar Schritte zurück", das eigentlich eine Pflichtlektüre für jeden Interessierten sein sollte, über seine eigene Analyse beschließt:

„Ich freue mich auf den Tag
und sei es ein halber
an dem die Väter den Platz
neben ihren Kindern einnehmen.

Ich freue mich auf den Tag
an dem die Mütter
ohne ihr Ansehen zu verlieren
den Vätern diesen Platz
geben."